高等学校土木工程专业"十二五"系列规划教材·应用型

结构抗震设计

主　编　段　旻

副主编　徐朝霞　胡东萍　秦佳俊　郑玉莹

主　审　吴小勇

图书在版编目(CIP)数据

结构抗震设计/段旻主编 .—武汉:武汉大学出版社,2015.8(2022.6 重印)
高等学校土木工程专业“十二五”系列规划教材·应用型
ISBN 978-7-307-16495-6

Ⅰ.结… Ⅱ.段… Ⅲ. 建筑结构—防震设计—高等学校—教材
Ⅳ.TU352.104

中国版本图书馆 CIP 数据核字(2015)第 186903 号

责任编辑:黄孝莉 王亚明 路亚妮 责任校对:王慧平 装帧设计:吴 极

出版发行:**武汉大学出版社** (430072 武昌 珞珈山)
(电子邮箱:whu_publish@163.com 网址:www.stmpress.cn)
印刷:湖北睿智印务有限公司
开本:850×1168 1/16 印张:7.25 字数:196 千字
版次:2015 年 8 月第 1 版 2022 年 6 月第 7 次印刷
ISBN 978-7-307-16495-6 定价:29.00 元

高等学校土木工程专业“十二五”系列规划教材·应用型

编审委员会

特别提示

教学实践表明，有效地利用数字化教学资源，对于学生学习能力以及问题意识的培养乃至怀疑精神的塑造具有重要意义。

通过对数字化教学资源的选取与利用，学生的学习从以教师主讲的单向指导的模式而成为一次建设性、发现性的学习，从被动学习而成为主动学习，由教师传播知识而到学生自己重新创造知识。这无疑是锻炼和提高学生的信息素养的大好机会，也是检验其学习能力、学习收获的最佳方式和途径之一。

本系列教材在相关编写人员的配合下，将逐步配备基本数字教学资源，其主要内容包括：

课程教学指导文件

(1)课程教学大纲；
(2)课程理论与实践教学时数；
(3)课程教学日历：授课内容、授课时间、作业布置；
(4)课程教学讲义、PowerPoint 电子教案。

课程教学延伸学习资源

(1)课程教学参考案例集：计算例题、设计例题、工程实例等；
(2)课程教学参考图片集：原理图、外观图、设计图等；
(3)课程教学试题库：思考题、练习题、模拟试卷及参考解答；
(4)课程实践教学(实习、实验、试验)指导文件；
(5)课程设计(大作业)教学指导文件，以及典型设计范例；
(6)专业培养方向毕业设计教学指导文件，以及典型设计范例；
(7)相关参考文献：产业政策、技术标准、专利文献、学术论文、研究报告等。

本书基本数字教学资源及读者信息反馈表请登录www.stmpress.cn下载，欢迎您对本书提出宝贵意见。

前　　言

本书是“高等学校土木工程专业‘十二五’系列规划教材·应用型”系列教材之一。

本书主要依据《建筑抗震设计规范》(GB 50011—2010)编写而成，可作为土木工程及相关专业本科、专科教材，也可作为有关技术人员的学习参考书。

本书在编写过程中始终注意把握以下原则：

第一，在课程体系的组织上，注重系统性和完整性的编写要求，以便读者能系统地、完整地掌握各类结构抗震的基本知识及设计方法。

第二，力求讲清概念和介绍使用的计算方法，遵从必需、够用的编写原则，突出其应用性和实用性，并注重对学生基本工程能力的培养。

第三，书中配有部分典型例题、案例分析及思考题与习题，作为教材使用时，教学内容可根据具体教学情况选用。

本书由重庆大学城市科技学院段旻担任主编，由重庆大学城市科技学院徐朝霞、胡东萍，皖西学院秦佳俊，徐海学院郑玉莹担任副主编。

具体编写分工为：

重庆大学城市科技学院，段旻(前言、第1章、第2章、附录)；

重庆大学城市科技学院，徐朝霞(第3章)；

重庆大学城市科技学院，胡东萍(第4章)；

皖西学院，秦佳俊(第5章)；

徐海学院，郑玉莹(第6章)。

三峡大学吴小勇担任本书主审，提出了许多宝贵的意见，对本书质量的提高起到了重要的作用。

本书的编写得到了“高等学校(应用型)面向区域特色人才培养教学改革研究与教材建设示范项目”的资助。

在本书出版之际，编者在此对相关人员一并致以衷心的感谢。

由于编者水平有限，书中难免存在不足之处，敬请读者批评指正。

编　者

2015年7月

目　　录

1 绪　论

【内容提要】

本章的主要内容包括：地震基础知识，工程结构的抗震设防，建筑抗震概念设计的基本概念、设计思想和基本要求。

【能力要求】

通过本章的学习，学生应熟悉工程结构抗震设防的基本概念，掌握抗震设防的目标与要求，了解建筑抗震概念设计及其相关要求。

1.1 地震基础知识

1.1.1 地震的成因及其分类

地震是指由地球内部缓慢积累能量的突然释放引起的地球表层的振动。地震是地球内部构造运动的产物，是一种普遍的自然现象，全世界每年发生约 500 万次地震，其中具有破坏性的大地震平均每年发生 18～20 次。

地震按其成因可划分为 3 类，即构造地震、火山地震及陷落地震。

(1) 构造地震

地球的内部被距地表约 60 km 的莫霍面(M 面)和距地表约 2900 km 的古登堡面(G 面)分为三大圈层，即地壳、地幔及地核。其中，地壳位于地表与 M 面之间，厚度为 30～40 km，其上部是花岗岩，下部是玄武岩；地幔位于 M 面和 G 面之间，厚度约为 2900 km，其主要成分为橄榄岩；地核位于 G 面以下，主要由镍和铁组成。

地球内部的压力是不均匀的，地幔中的软流层有缓慢的对流，从而引起地壳运动。在运动过程中，有的地区上升，有的地区下降，地球内部积累了大量的应变能，产生了地应力。当地应力达到岩层的强度时，岩层发生断裂或错动(脆性破坏)，岩层内部的能量被释放，以波的形式传至地表，引起地面震动，称为构造地震。这类地震发生的次数最多，破坏力也最大，占全世界地震的 90%以上。汶川地震就属于此类地震。

(2) 火山地震

由火山作用，如岩浆活动、气体爆炸等引起的地震称为火山地震。只有在火山活动区才可能发生火山地震，这类地震只占全世界地震的 7%左右。

(3) 陷落地震

由地下岩洞或矿井顶部塌陷引起的地震称为陷落地震。这类地震的规模比较小，次数也很少，往往发生在溶洞密布的石灰岩地区或大规模地下开采的矿区。

相对来说，火山地震与陷落地震的震级及规模均较小，而构造地震造成地面建筑物严重破坏，对人类的危害大，所以本书中所提到的地震主要指的是构造地震。

1.1.2 地震术语

(1) 震源

地球内部发生地震的地方叫作震源，如图 1-1 所示，即指地壳深处发生岩层断裂、错动的部位。从震源到地面的垂直距离称为震源深度。一般来说，对于同样大小的地震，震源深度较小时，波及的范围小而破坏程度相对较大；震源深度较大时，则波及范围大而破坏程度较小。大多数破坏性地震的震源深度为 5～20 km，属于浅源地震。

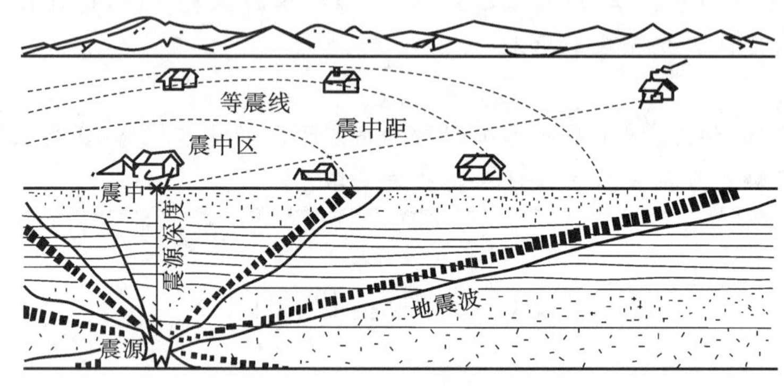

图 1-1 地震术语示意图

(2) 震中

震源在地面上的投影点称为震中，震中及其附近的地方称为震中区。通常情况下，震中区的震害最严重，也称为极震区。从震中到地面上任意一点的距离称为震中距。

(3) 地震波

地震波是地震发生时由震源处的岩石破裂产生的弹性波。地震波在传播过程中，引起地面加速度。

1.1.3 震级和烈度

(1) 震级

地震震级是衡量一次地震释放能量大小的等级，即地震本身的强弱程度，用符号 M 表示。目前，国际上通用的是由里克特(C. F. Richiert)于 1935 年提出的震级指标 M(里氏震级)，震级每提高一级，地面的振动幅度增加约 10 倍，释放的能量则增大近 32 倍。

一般来说，小于 2 级的地震人们感觉不到，称为微震；2～5 级的地震称为有感地震；5 级以上的地震会造成不同程度的破坏，称为破坏性地震；7～8 级的地震称为强烈地震或大地震；大于 8 级的地震称为特大地震。

需要特别注意的是，由于震源深浅、震中距大小等不同，地震造成的破坏也不同。震级大，破坏力不一定大；震级小，破坏力不一定就小。

(2) 地震烈度

一次地震对某一地区的影响和破坏程度称为地震烈度，简称为烈度，用符号 I 表示。目前，我国国家地震局颁布实施的《中国地震烈度表》(GB/T 17742—2008)中地震共分 12 度，如附录 A 所示。

一般而言，震级越大，烈度就越大。同一地震，震中距小，烈度就高；反之，烈度就低。影响烈度的因素除了震级、震中距外，还有震源深度、地质构造和地基条件等因素。

1.1.4 地震区划

强烈地震是一种破坏作用很大的自然灾害，它的发生具有很大的随机性。因此，采用概率方法预测某地区在未来一定时间内可能发生地震的最大烈度是具有工程意义的。进行地震烈度区划图的编制时，采用概率方法对地震危险性进行分析，并对烈度赋予有限时间区限和概率水平的含义。为了衡量一个地区遭受的地震影响程度，我国规定了一个统一的尺度，即地震基本烈度。它是指该地区未来50年内，一般场地条件下可能遭受的具有10%超越概率的地震烈度值。

《建筑抗震设计规范》(GB 50011—2010)对我国主要城镇中心地区的抗震设防烈度、设计基本地震加速度给出了具体的规定，见附录B。此外，对已编制抗震设防区划的城市，可按批准的抗震设防烈度进行抗震设防。

应该特别指出的是，抗震设防烈度和设计基本地震加速度取值的对应关系，应符合表1-1的规定。设计基本地震加速度为0.15g和0.30g地区内的建筑，除《建筑抗震设计规范》(GB 50011—2010)另有规定外，应分别按抗震设防烈度7度和8度的要求进行抗震设计。

表1-1 **抗震设防烈度和设计基本地震加速度值的对应关系**

抗震设防烈度	6度	7度	8度	9度
设计基本地震加速度值	0.05g	0.10g(0.15g)	0.20g(0.30g)	0.40g

注：g为重力加速度。

1.1.5 设计地震分组

理论分析和震害调查结果表明，不同地震(震级或震中烈度不同)对某一地区不同动力特性结构的破坏作用是不同的。在宏观烈度大体相同的条件下，震级较大、震中距较远的地震对自振周期较长的高柔结构的破坏比震级较小、震中距较近地震的破坏更严重，对自振周期较短的刚性结构则有相反的趋势。

为了区别相同烈度下不同震级和震中距的地震对不同动力特性建筑物的破坏作用，《建筑抗震设计规范》(GB 50011—2010)以设计地震分组来体现震级和震中距的影响，将建筑工程所在地的设计地震分为三组。《建筑抗震设计规范》(GB 50011—2010)列出了我国抗震设防区各县级及县级以上城镇中心地区的抗震设防烈度、设计基本地震加速度值和所属的设计地震分组，供设计时取用。

1.1.6 场地类别

抗震设计时要区分场地的类别，以作为表征地震反应场地条件的指标。建筑场地指建筑物所在地，大体相当于厂区、居民点和自然村的区域范围。场地条件对建筑物所受到的地震作用的强烈程度有明显的影响，在一次地震下，即使两场地范围内的地震烈度相同，建筑物受到的震害也不一定相同。

《建筑抗震设计规范》(GB 50011—2010)按地震对建筑的影响，把建筑场地分为Ⅰ、Ⅱ、Ⅲ、Ⅳ四类，Ⅰ类场地对抗震最有利，Ⅳ类最不利。场地类别根据土层等效剪切波速和场地覆盖层厚度划分，由工程地质勘察部门提供。

1.1.7 地震活动

所谓地震活动，是指地震发生的时间、空间、强度和频率的变化规律。由于地震的发生是一个能量的积累、释放、再积累、再释放的过程,因此同一个地区地震的发生存在时间上的疏密交替现象,一段时间活跃,然后一段时间相对平静。地震活跃期和地震平静期的时间跨度称为地震活动期。

统计表明,全球平均每年发生的地震数量约为:3 级地震 100000 次,4 级地震 12000 次,5 级地震 2000 次,6 级地震 200 次,7 级地震 20 次,8 级及 8 级以上地震 3 次。

1.1.8 地震分布

世界范围内,地震分布呈现出条带分布的特征,称为地震带。全球有两大地震带,即环太平洋地震带与欧亚地震带。

环太平洋地震带分布于濒临太平洋的大陆边缘与岛屿。从南美西海岸安第斯山开始,向南经南美洲南端、马尔维纳斯群岛(福克兰群岛)到南乔治亚岛,向北经墨西哥、北美洲西岸、阿留申群岛、堪察加半岛、千岛群岛到日本群岛,然后分成两支,一支向东南经马里亚纳群岛、关岛到雅浦岛,另一支向西南经琉球群岛、我国台湾、菲律宾到苏拉威西岛,与地中海-印尼地震带汇合后,经所罗门群岛、新赫布里底群岛、斐济岛到新西兰。其基本位置和环太平洋火山带相同,但影响范围较火山作用带稍宽,连续成带性也更明显。世界上 80%的地震发生在此地震带上,包括大量的浅源地震、90%的中源地震、几乎所有的深源地震和全球大部分的特大地震。

欧亚地震带西起大西洋亚速尔群岛,向东经地中海、土耳其、伊朗、阿富汗、巴基斯坦、印度北部、中国西部和西南部边境、缅甸到印度尼西亚,与环太平洋地震带相接。它横越欧、亚、非三洲,全长 2 万多千米,基本上与东西向火山带位置相同,但带状特性更加鲜明。世界上 15%的地震发生在此地震带上,主要是浅源地震和中源地震,缺乏深源地震。

我国是地震多发、震害最严重的国家之一。据统计,我国大陆地震约占世界大陆地震的 1/3,其原因是我国正好处于地球的环太平洋地震带和欧亚地震带两大地震带之间。

1.2 地震灾害

一次地震发生后,随地震强度、区域防灾抗灾能力等复杂的自然和社会因素的不同,可能导致不同的结果。对于震级小、区域防灾抗灾能力强的情形,可能没有造成灾害;而当震级大、区域防灾抗灾能力差时,则会造成不同程度的灾害。通常来说,地震所造成的灾害可以分为直接灾害与次生灾害两类。

1.2.1 地震的直接灾害

地震的直接灾害是指由地震的原生现象,如地震断层错动,以及地震波引起的强烈地面振动所造成的灾害。其主要包括:

① 建筑物和构筑物的破坏或倒塌,地面破坏,如地面开裂、地基沉陷、喷水冒砂等;

② 山体等自然物的破坏,如山体崩塌、滑坡、泥石流等;

③ 水体的振荡,如海啸、湖震等。

地震的直接灾害是造成人员伤亡、工程设施毁坏、社会经济受损等灾害后果的最直接、最重要的原因。

1.2.2 地震的次生灾害

地震的次生灾害是指直接灾害发生后,破坏了自然或社会原有的平衡、稳定状态,从而引发的灾害,如地震引起的火灾、水灾,有毒容器破坏后毒气、毒液或放射性物质等泄露造成的灾害等。

地震发生后会引发种种社会性灾害,如瘟疫与饥荒。此外,社会经济技术的发展还可能带来新的继发性灾害,如通信事故、计算机事故等。

1.3 工程结构的抗震设防

简单地说,工程结构的抗震设防是指在工程建设时对建筑结构进行抗震设计并采取抗震措施,以达到抗震的效果。

《建筑抗震设计规范》(GB 50011—2010)规定,抗震设防烈度为 6 度及以上地区的建筑,必须进行抗震设计。抗震设防烈度超过 9 度的地区和行业有特殊要求工业建筑的抗震设防按有关专门规定执行。

1.3.1 抗震设防的目标和要求

抗震设防目标是指建筑结构遭遇不同水准的地震影响时,对其结构、构件、使用功能、设备的损坏程度,以及人身安全的总要求,即对建筑结构所具有的抗震安全性的要求。

抗震设防目标总的发展趋势为在建筑物使用寿命期间,对不同频度和强度的地震,要求建筑物具有不同的抵抗能力。基于这一趋势,结合我国的经济能力,《建筑抗震设计规范》(GB 50011—2010)提出了“三水准”的抗震设防目标。

(1) 第一水准

其指的是当遭受到多遇的、低于本地区抗震设防烈度的地震(简称小震)影响时,建筑物一般应不受损坏或不需修理仍能继续使用,即“小震不坏”。

(2) 第二水准

其指的是当遭受到相当于本地区抗震设防烈度的地震(简称中震)影响时,建筑物可能损坏,经一般修理或不需修理仍能继续使用,即“中震可修”。

(3) 第三水准

其指的是当遭受到高于本地区抗震设防烈度的罕遇地震(简称大震)影响时,建筑物不致倒塌或不发生危及生命的严重损坏,即“大震不倒”。

上述三个地震的烈度用以反映同一个地区可能遭受地震影响的强度和频度水平。其具体含义为:

① 小震烈度,也称众值烈度,定义为一般场地条件下,相当于重现期为 50 年的地震烈度值(比基本烈度低 1.55 度)。

② 中震烈度,也称基本烈度,定义为《中国地震烈度区划图》所规定的烈度,相当于重现期为 475 年的地震烈度值。

③ 大震烈度,也称罕遇烈度,定义为一般场地条件下,相当于 1600～2500 年一遇地震的烈度值(比基本烈度高 1 度)。

1.3.2 抗震设防的分类和设防标准

抗震设计中,根据建筑使用功能的重要性,应采取不同的抗震设防标准。《建筑工程抗震设防分类标准》(GB 50233—2008)将建筑物分为甲、乙、丙、丁四个抗震设防类别,如表 1-2 所示。各抗震设防类别建筑的抗震设防标准应符合以下要求。

（1）甲类建筑

其地震作用应高于本地区抗震设防烈度的要求，其值应按批准的地震安全性评价结果确定。当抗震设防烈度为 6～8 度时，抗震措施应符合本地区抗震设防烈度提高 1 度的要求；当为 9 度时，应符合比 9 度抗震设防更高的要求。

（2）乙类建筑

其地震作用值应按本地区抗震设防烈度的要求确定。一般情况下，当抗震设防烈度为 6～8 度时，抗震措施应符合本地区抗震设防烈度提高 1 度的要求；当为 9 度时，应符合比 9 度抗震设防更高的要求。

对于较小的乙类建筑（如工矿企业的变电所、空压站、水泵房及城市供水水源的泵房等），当其采用抗震性能较好的结构类型（如钢筋混凝土结构或钢结构）时，应允许按本地区抗震设防烈度采取构造措施。

（3）丙类建筑

其地震作用与抗震措施均应符合本地区抗震设防烈度的要求。

表 1-2　**建筑物的抗震设防类别**

设防类别	甲类建筑	属于重大建筑工程和地震时可能发生严重次生灾害（如放射性物质的污染、剧毒气体的扩散和爆炸等）的建筑
	乙类建筑	属于地震时使用功能不能中断或需尽快恢复的建筑（如消防、供水、石油、供电、急救、航空、煤气、交通等建筑）
	丙类建筑	甲、乙、丁类建筑以外的一般建筑（如大量的一般工业与民用建筑）
	丁类建筑	属于抗震次要建筑，包括遇地震破坏不易造成人员伤亡和较大经济损失的建筑（如一般仓库，人员较少的辅助性建筑等）

（4）丁类建筑

其地震作用仍应符合本地区抗震设防烈度的要求；抗震措施应允许比本地区抗震设防烈度的要求适当降低，但抗震设防烈度为 6 度时不应降低。

需要注意的是，当抗震设防烈度为 6 度时，除规范有具体规定外，对乙、丙、丁类建筑可不进行地震作用计算。

1.3.3　建筑抗震设计方法

在进行建筑抗震设计时，《建筑抗震设计规范》（GB 50011—2010）采用了两阶段设计法实现“三水准”的抗震设防目标。

（1）第一阶段设计

第一阶段设计即结构构件截面抗震承载力验算。其具体设计步骤为：

① 计算众值烈度下结构的弹性地震效应（内力和变形）；

② 采用地震作用效应与其他荷载效应的基本组合验算结构构件的承载能力，并采取必要的抗震措施；

③ 验算众值烈度下的弹性变形；

④ 进行概念设计和抗震构造要求。

其中，步骤①～③旨在实现第一水准和第二水准的抗震设防目标，步骤④则用于实现第二和第三水准的抗震设防目标。

(2) 第二阶段设计

第二阶段设计即罕遇地震作用下的结构弹塑性变形验算。其具体设计方法为:

① 计算大震作用下的结构弹塑性变形;

② 验算薄弱层或薄弱位置的弹塑性层间变形,并采取相应的措施。

应该特别说明的是,对于多数建筑结构来说,进行上述的第一阶段设计就可以满足三个烈度水准的抗震设防目标。但对于质量、刚度明显不均匀的结构,有特殊要求的重要结构和地震时易倒塌的结构,还需进行第二阶段设计。

1.4 建筑抗震概念设计及其要求

1.4.1 建筑抗震概念设计

一般来说,抗震设计主要包括三个方面:概念设计、计算设计和构造设计。地震的随机性,建筑物的动力特性,所在场地、材料及内力的不确定性,使地震时建筑物的破坏机理和过程十分复杂,造成的破坏程度也很难准确预测。所以,结构抗震不能完全依赖于计算设计,而应立足于工程抗震基本概念与长期的工程抗震经验总结,即概念设计。

概念设计强调,在工程设计一开始就应从总体上把握好场地选择、地基处理、建筑形体、结构体系、刚度分布、构件延性等方面,从根本上消除建筑的抗震薄弱环节,再辅以必要的计算和构造措施,就有可能设计出具有良好抗震性能的结构。

1.4.2 场地选择要求

多次震害调查发现,在同一烈度区内,工程地质条件对地震破坏的影响很大,即出现"重灾区里有轻灾,轻灾区里有重灾"的地震烈度异常现象。因此,选择建筑场地时,应根据工程需要和地震活动情况、工程地质等有关资料,对抗震有利、一般、不利和危险地段作出综合评价。

地段选择的原则是:尽量选择对建筑抗震有利的地段;对不利地段,应提出避开要求,当无法避开时应采取有效措施;对危险地段,严禁建造甲、乙类建筑,不应建造丙类建筑。有利、一般、不利和危险地段的划分见表 1-3。

表 1-3 **有利、一般、不利和危险地段的划分**

地段类别	地质、地形、地貌
有利地段	稳定基岩,坚硬土,开阔、平坦、密实、均匀的中硬土等
一般地段	不属于有利、不利和危险的地段
不利地段	软弱土,液化土,条状突出的山嘴,高耸孤立的山丘,陡坡,陡坎,河岸和边坡的边缘,平面分布上成因、岩性、状态明显不均匀的土层(含故河道、疏松的断层破碎带、暗埋的塘浜沟谷和半填半挖地基),高含水量的可塑黄土,地表存在结构性裂缝等
危险地段	地震时可能发生滑坡、崩塌、地陷、地裂、泥石流等及发震断裂带上可能发生地表位错的部位

地震发生时,地基失效往往是造成结构破坏的直接原因。常见的地基失效包括由地震引起的地表错动和地裂,地基土的不均匀沉陷、滑坡和砂土液化等。因此,地基和基础设计应符合下列要求:同一结构单元的基础不宜设置在性质截然不同的地基土上;同一结构单元不宜部分采用天然地基,部分采用桩基;地基为软弱黏性土、液化土、新近填土或严重不均匀土时,应根据地震时地基不

均匀沉降和其他不利影响，采取相应的措施。

1.4.3 建筑形体要求

根据抗震概念设计的要求，建筑设计应避免采用严重不规则建筑的设计方案。规则的建筑结构形体（平面和立面的形状）简单，抗侧力体系的刚度和承载力上下变化连续、均匀，平、立面布置基本对称，即平面、立面或抗侧力体系没有明显的突变。结构在水平和竖向的刚度与质量分布上应力求对称，尽量减小质量中心与刚度中心的偏离，这种偏心引起的结构扭转振动将造成严重的震害。《建筑抗震设计规范》（GB 50011—2010）给出了平面和竖向不规则类型的明确定义，并提出对不规则结构的水平地震作用计算、内力调整和对薄弱部位应采取有效的抗震构造措施等方面的要求。

1.4.4 抗震结构体系要求

抗震结构体系的选择是抗震设计应考虑的关键问题。抗震结构本系的选取是否合理，对结构的安全性和经济性起决定性作用。据此，《建筑抗震设计规范》（GB 50011—2010）对抗震结构体系提出了明确的要求：

① 应具有明确的计算简图和合理的地震作用传递途径。

② 应避免因部分结构或构件破坏而导致整个结构丧失抗震能力或对重力荷载的承载能力。

③ 应具备必要的抗震承载力，良好的变形能力和消耗地震能量的能力。

④ 对可能出现的薄弱部位，应采取措施提高其抗震能力。

⑤ 宜具有多道抗震防线。

⑥ 宜具有合理的刚度和承载力分布，避免局部削弱或突变形成薄弱部位，产生过大的应力集中或塑性变形集中。

⑦ 结构在两个主轴方向的动力特性宜相近。

1.4.5 非结构构件抗震基本要求

非结构构件（包括建筑非结构构件、建筑附属机电设备、自身及其与结构主体的连接等）应进行抗震设计。在地震的作用下，这些构件会或多或少地参与工作，从而可能改变结构或某些构件的刚度、承载力和传力途径，产生出乎预料的抗震效果或造成未曾估计到的局部震害。建筑非结构构件一般有三类：

① 附属结构构件，如女儿墙、雨篷、厂房高低跨封墙等。这类构件的抗震措施是加强其自身的整体性，并与主体结构有可靠的连接或锚固，防止倒塌伤人。

② 装饰物，如建筑贴画、装饰、吊顶和悬吊重物等。这类构件的抗震措施是加强同主体结构的连接。对重要的贴画和装饰，采取柔性连接，即保证主体结构变形不致损坏贴画和装饰，应避免吊顶塌落伤人和贴镶或悬吊较重的装饰物，当不可避免时应有可靠的防护措施。

③ 非结构墙体，如围护墙、内隔墙和框架填充墙等。应考虑这类构件对结构抗震的不利影响或有利影响，避免不合理的设置而导致主体结构的破坏，如框架或厂房柱间填充墙不到顶，使这些柱子形成短柱，地震时这些短柱极易发生脆性破坏。

1.4.6 结构材料和施工质量基本要求

抗震结构在材料选用、施工程序和材料代用上有其特殊的要求，这是抗震结构施工中一个十分重要的问题，必须引起足够的重视。

《建筑抗震设计规范》(GB 50011—2010)规定,结构材料性能指标应符合下列最低要求。

① 砌体结构材料。

a. 普通砖和多孔砖的强度等级不应低于 MU10,其砌筑砂浆强度等级不应低于 M5;

b. 混凝土小型空心砌块的强度等级不应低于 MU7.5,其砌筑砂浆强度等级不应低于 Mb7.5。

② 混凝土结构材料。

a. 混凝土的强度等级,对于框支梁、框支柱及抗震等级为一级的框架梁、柱、节点核芯区,不应低于 C30;对于构造柱、芯柱、圈梁及其他各类构件,不应低于 C20;对于抗震墙,不宜超过 C60;对于其他构件,抗震设防烈度为 9 度时不宜超过 C60,抗震设防烈度为 8 度时不宜超过 C70。

b. 普通钢筋宜优先采用延性、韧性和焊接性较好的钢筋;抗震等级为一、二、三级的框架和斜撑构件(含梯段),其纵向受力钢筋采用普通钢筋时,钢筋的抗拉强度实测值与屈服强度实测值的比值不应小于 1.25;钢筋的屈服强度实测值与屈服强度标准值的比值不应大于 1.3;钢筋在最大拉力作用下的总伸长率实测值不应小于 9%。

c. 纵向受力钢筋宜选用符合抗震性能指标的不低于 HRB400 的热轧钢筋。

d. 箍筋宜选用符合抗震性能指标的不低于 HRB335 的热轧钢筋。

③ 在施工中,当需要以强度等级较高的钢筋替代原设计中的纵向受力钢筋时,应按照钢筋受拉承载力设计值相等的原则换算,并应满足最小配筋率要求。

④ 为确保砌体抗震墙与构造柱、芯柱、低层框架梁柱的连接,提高抗侧力砌体墙的变形能力,要求施工时先砌墙,后浇筑构造柱和框架梁柱。

本章小结

(1) 按照成因,地震可以分为构造地震、火山地震和陷落地震。由地球构造运动引起的地震称为构造地震,这类地震是工程结构抗震的主要研究对象。

(2) 震级和烈度在一定程度上都表明了一次地震的强弱程度,但二者有本质的区别。其关系类似于一个灯泡的瓦数与照明程度、炸药的 TNT 与冲击程度的关系。一次地震的震级是固定的,而随着距离和场地条件等的不同,不同地区的烈度是不一样的。

(3) 地震灾害主要包括直接灾害与次生灾害。对于城市,尤其是大城市来说,次生灾害一般比地震直接产生的灾害造成的损失还要大。

(4) 抗震设防目标概括地说就是“小震不坏,中震可修,大震不倒”。为实现“三水准”的抗震设防目标,我国目前采用两阶段设计法。

(5) 结构抗震概念设计的主要内涵包括场地选择、建筑形体、结构布置、结构体系、刚度分布、非结构构件等诸多方面。

思考题与习题

1-1　试述震源、震中和震源深度的含义。

1-2　简述建筑物的抗震设防目标。

1-3　简述《建筑抗震设计规范》(GB 50011—2010)所采用的建筑结构抗震设计方法。

1-4　什么是概念设计? 概念设计主要包括哪些方面的要求?

1-5　抗震设计中概念设计、计算设计和构造设计分别起什么作用? 三者的关系如何?

2 结构抗震设计原理

【内容提要】

本章的主要内容包括：地震作用计算简图的确定，水平地震作用计算的基本方法，抗震设计反应谱的定义及其应用，竖向地震作用计算的基本方法，以及结构抗震验算的主要内容。

【能力要求】

通过本章的学习，学生应掌握水平、竖向地震作用的计算方法，了解抗震设计反应谱在工程实践中的应用方法，掌握结构构件截面抗震验算和结构抗震变形验算的方法。

2.1 概　　述

地震作用是指由地震引起的结构动态作用，包括竖向地震作用和水平地震作用。地震作用与一般荷载的区别在于：地震作用不仅与地震本身有关，还与结构自身的动力特性，如自振周期、阻尼等有关。对于一般的建筑结构，竖向地震作用的影响不明显，所以可仅计算水平地震作用。抗震设防烈度为8、9度的大跨度和长悬臂结构及抗震设防烈度为9度的高层建筑，则应计算竖向地震作用。

水平地震作用可能来自结构的任何方向。对大多数建筑来说，抗侧力体系沿两个主轴方向布置，所以一般应在两个主轴方向分别计算其水平地震作用，每一方向的水平地震作用由该方向的抗侧力体系承担。据此，对大多数布置合理的结构，可以不考虑双向地震作用下结构的扭转效应。

2.2 水平地震作用的计算

2.2.1 计算简图

地震作用是指结构质量受地面输入加速度的激励而产生的惯性作用，它的大小与结构质量有关。计算地震作用时，通常采用“集中质量法”的结构计算简图，即把结构简化为一个有限数目质点的悬臂杆，具体做法为将各楼层的重力集中在楼盖标高处，墙体重力则按上、下层各半集中在该层楼盖处，于是各楼层被抽象为若干参与振动的质点。结构的计算简图是一单质点弹性体系或多质点弹性体系，如图2-1所示。

需要注意的是，计算质点的重力时不仅要考虑结构的自重，还要考虑地震发生时可能作用于结构上的竖向可变荷载（如楼面活荷载等）。质点重力采用重力荷载代表值表示，第 i 楼层的重力荷载代表值记为 G_i。

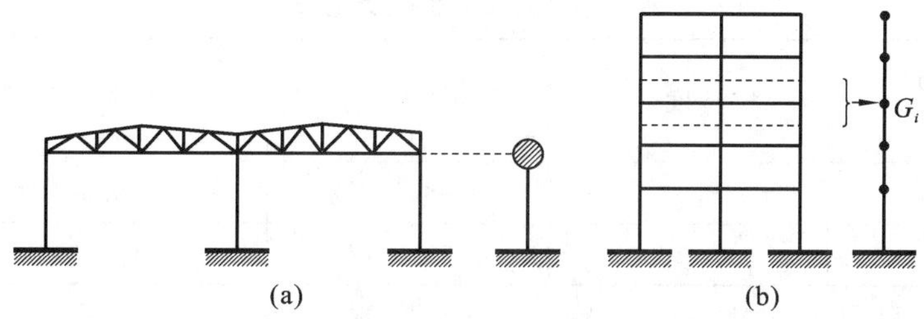

图 2-1　结构计算简图

(a) 单质点弹性体系;(b) 多质点弹性体系

2.2.2　设计反应谱

地震反应谱是指地震作用时结构上质点反应(加速度、速度、位移)的最大值与结构自振周期之间的关系曲线,也称为反应谱曲线。

对于每一次地震,都可以得到它的反应谱曲线。但是地震的发生具有很大的随机性,即使是同一烈度、同一地点,先后两次地震的地面加速度记录结果也不可能相同,更何况进行抗震设计时不可能预知当地未来地震的反应谱曲线。然而,在研究了许多地震的实测反应谱后发现,反应谱曲线仍有一定的规律。设计反应谱就是在考虑了这些共同规律后,按主要影响因素处理后得到的平均反应谱曲线。通过设计反应谱,可以把动态的地震作用转化为结构上的最大等效侧向静力荷载,以方便计算。

设计反应谱是根据单自由度弹性体系的地震反应得到的。《建筑抗震设计规范》(GB 50011—2010)采用的设计反应谱的具体表达形式是地震影响系数 α 关于结构自振周期的曲线,如图 2-2 所示。其中,地震影响系数 α 即相对于重力加速度 g 的单质点绝对最大加速度反应。

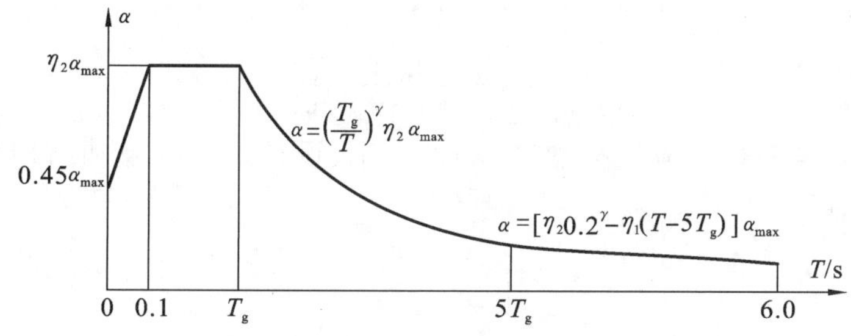

图 2-2　地震影响系数曲线

α—地震影响系数;α_{max}—地震影响系数最大值;η_1—直线下降段的下降斜率调整系数;

γ—衰减指数;T_g—特征周期;η_2—阻尼调整系数;T—结构自振周期

影响地震作用大小的因素有:建筑物所在地的地震动参数(加速度),烈度越高,地震作用就越大;建筑物总重力荷载值,质点的重力荷载值越大,其惯性力就越大,地震作用就越大;建筑物的动力特性,主要指的是结构的自振周期 T 和阻尼比 ζ,一般来说,T 值越小,建筑物质点的最大加速度反应就越大,阻尼比就越小,地震作用就越大;建筑物场地类别,建筑物场地类别越高(如Ⅰ类场地),地震作用就越小。

《建筑抗震设计规范》(GB 50011—2010)规定,绝大多数情况下,建筑结构的阻尼比取 0.05,此时阻尼调整系数 $\eta_2=1.0$;衰减指数 $\gamma=0.9$;斜率调整系数 $\eta_1=0.02$;水平地震影响系数最大值 α_{max} 按表 2-1 确定;场地特征周期 T_g 由表 2-2 查得,计算 8、9 度罕遇地震作用时,特征周期应增加 0.05 s。

表 2-1 **水平地震影响系数最大值 α_{max}**

地震类别 \ 抗震设防烈度	6 度	7 度	8 度	9 度
多遇地震	0.04	0.08(0.12)	0.16(0.24)	0.32
罕遇地震	0.28	0.50(0.72)	0.90(1.20)	1.40

注：括号中的数值分别用于设计基本地震加速度为 0.15g 和 0.30g 的地区。

表 2-2 **特征周期值 T_g** （单位：s）

设计地震分组	场地类别				
	Ⅰ$_0$	Ⅰ$_1$	Ⅱ	Ⅲ	Ⅳ
第一组	0.20	0.25	0.35	0.45	0.65
第二组	0.25	0.30	0.40	0.55	0.75
第三组	0.30	0.35	0.45	0.65	0.90

应该特别注意的是，当建筑结构的阻尼比 ξ 不等于 0.05 时，阻尼调整系数和形状参数应根据阻尼比值分别计算如下。

直线下降段的下降斜率调整系数为：

$$\eta_1 = 0.02 + \frac{0.05-\zeta}{4+32\zeta} \tag{2-1}$$

曲线下降段的衰减指数为：

$$\gamma = 0.9 + \frac{0.05-\zeta}{0.3+6\zeta} \tag{2-2}$$

阻尼调整系数为：

$$\eta_2 = 1 + \frac{0.05-\zeta}{0.08+1.6\zeta} \tag{2-3}$$

综上所述，地震影响系数 α 应根据烈度、场地类别、设计地震分组和结构自振周期、阻尼比由图 2-2 确定。

2.2.3 底部剪力法

目前常用的计算地震作用的方法有底部剪力法、振型分解反应谱法和时程分析法。振型分解反应谱法将复杂的振型按振型分解，并借用单自由度体系的反应谱理论来计算地震作用，计算量较大，是目前计算机辅助结构设计软件计算地震作用的常用方法。底部剪力法是对振型分解反应谱法进行简化后得到的，计算量小，适用于手算。时程分析法目前常用于重要或复杂结构的补充计算。本节仅介绍手算常用的底部剪力法。

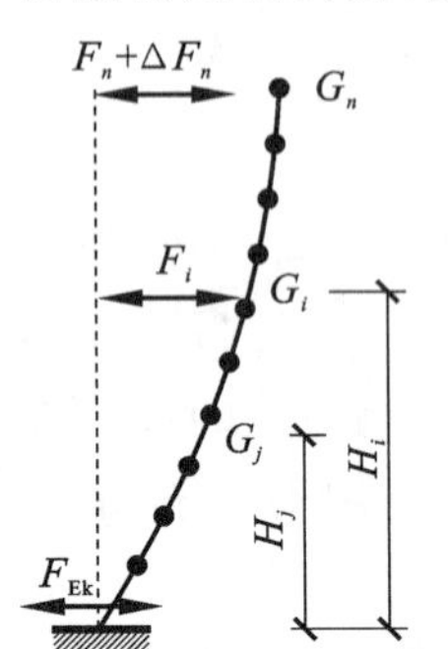

图 2-3 结构水平地震作用计算简图

底部剪力法的基本思路为：结构所有质点上的地震作用力的总和即为结构底部的剪力，每个质点所受的地震作用力的大小按倒三角形规律分布，如图 2-3 所示。对于底部剪力的适用范围，《建筑抗震设计规范》(GB 50010—2010)规定：高度不超过 40 m、以剪切变形为主且质量和刚度沿高度方向分布比较均匀的结构，以及近似于单质点体系的结构，可以采用底部剪力法计算结构的水平地震作用标准值。

结构底部的总水平地震作用标准值 F_{Ek},应按下列公式确定:

$$F_{Ek}=\alpha_1 G_{eq} \tag{2-4}$$

$$F_i=\frac{G_iH_i}{\sum_{j=1}^{n}G_jH_j}F_{Ek}(1-\delta_n) \tag{2-5}$$

$$\Delta F_n=\delta_n F_{Ek} \tag{2-6}$$

式中 F_{Ek}——结构总水平地震作用标准值;

α_1——相应于结构基本自振周期的水平地震影响系数值,多层砌体房屋、底部框架砌体房屋,宜取水平地震影响系数最大值;

G_{eq}——结构等效总重力荷载,单质点应取总重力荷载代表值,多质点可取总重力荷载代表值的 85%;

F_i——质点 i 的水平地震作用标准值;

G_i,G_j——集中于质点 i、j 的重力荷载代表值;

H_i,H_j——质点 i、j 的计算高度;

δ_n——顶部附加地震作用系数,多层钢筋混凝土和钢结构房屋可按表 2-3 采用,多层内框架砌体结构房屋为 0.2,其他房屋不考虑;

ΔF_n——顶部附加水平地震作用。

表 2-3 **顶部附加地震作用系数 δ_n**

T_g/s	$T_1>1.4T_g$	$T_1\leqslant 1.4T_g$
$T_g\leqslant 0.35$	$0.08T_1+0.07$	0
$0.35<T_g\leqslant 0.55$	$0.08T_1+0.01$	
$T_g>0.55$	$0.08T_1-0.02$	

注:T_1 为结构基本自振周期。

需要特别注意的是,计算地震作用时,建筑的重力荷载代表值应取结构的永久荷载标准值和各可变荷载的组合值之和。各可变荷载组合值系数可按表 2-4 采用。

表 2-4 **各可变荷载组合值系数**

可变荷载种类		组合值系数
雪荷载		0.5
屋面积灰荷载		0.5
屋面活荷载		不考虑
按实际情况考虑的楼面活荷载		1.0
按等效均布荷载考虑的楼面活荷载	藏书库、档案库	0.8
	其他民用建筑	0.5
吊车悬吊物重力	硬钩吊车	0.3
	软钩吊车	不考虑

注:硬钩吊车的吊重较大时,组合值系数应按实际情况采用。

采用底部剪力法时，突出屋面的屋顶间、女儿墙、烟囱等的地震作用效应，宜乘以增大系数 3，此增大部分不应往下传递，但与该突出部分相连构件的地震作用效应应予以计入。

抗震验算时，结构任一楼层的水平地震剪力应符合下式要求：

$$V_{\mathrm{Ek}i} > \lambda \sum_{j=i}^{n} G_j \tag{2-7}$$

式中 $V_{\mathrm{Ek}i}$——第 i 层对应于水平地震作用标准值的楼层剪力，取 $V_{\mathrm{Ek}i} = \sum_{j=i}^{n} F_j$；

λ——剪力系数，不应小于表 2-5 规定的楼层最小地震剪力系数值，对竖向不规则结构的薄弱层，还应乘以 1.15 的增大系数；

G_j——第 j 层的重力荷载代表值。

表 2-5 **楼层最小地震剪力系数值**

类别 \ 抗震设防烈度	6 度	7 度	8 度	9 度
扭转效应明显或基本周期小于 3.5 s 的结构	0.008	0.016(0.024)	0.032(0.048)	0.064
基本周期大于 5.0 s 的结构	0.006	0.012(0.018)	0.024(0.036)	0.048

注：1. 基本周期介于 3.5 s 和 5 s 之间的结构，按线性插入法取值；

2. 括号内的数值分别用于设计基本地震加速度为 0.15g 和 0.30g 的地区。

2.3 竖向地震作用的计算

2.3.1 竖向反应谱法

抗震研究表明，高耸结构和高层建筑的竖向地震反应谱与水平地震反应谱形状相差不大，因此，其竖向地震作用可按与底部剪力法相似的方法计算，该方法即为竖向反应谱法。其具体计算步骤为：先确定结构底部总竖向地震作用，再计算作用在结构各质点上的竖向地震作用(图 2-4)。其公式为：

$$F_{\mathrm{Evk}} = \alpha_{\mathrm{v1}} G_{\mathrm{eq}} \tag{2-8}$$

$$F_{\mathrm{v}i} = \frac{G_i H_i}{\sum_{j=1}^{n} G_j H_j} F_{\mathrm{Evk}} (1 - \delta_n) \tag{2-9}$$

式中 F_{Evk}——结构总竖向地震作用标准值；

α_{v1}——相应于结构竖向基本自振周期的竖向地震影响系数值，其值可近似取为水平地震影响系数最大值的 65%，即 $\alpha_{\mathrm{v1}} = 0.65\alpha_{\max}$；

G_{eq}——结构等效总重力荷载，在计算高耸结构和高层建筑的竖向地震作用时，取其总重力荷载代表值的 75%；

$F_{\mathrm{v}i}$——质点 i 的竖向地震作用标准值。

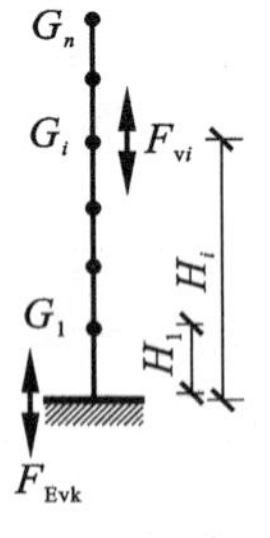

图 2-4 结构竖向地震作用计算简图

另外，对于抗震设防烈度为 9 度的高层建筑，楼层的竖向地震作用效应可按各构件承受的重力荷载代表值的比例分配，并根据地震经验乘以 1.5 的竖向地震动力效应增大系数。

2.3.2　静力法

对于大跨度结构、长悬臂结构来说，竖向地震作用内力与重力荷载的内力相比，相差一般不大，因此，可取结构或构件重力荷载的某个百分数作为其竖向地震作用，这种计算方法即为静力法。其公式为：

$$F_v = \xi_v G \tag{2-10}$$

式中　F_v——结构竖向地震作用标准值。

G——重力荷载代表值。

ξ_v——竖向地震作用系数，对于平板型网架屋盖和跨度大于 24 m 的屋架，按表 2-6 采用；对于长悬臂和其他大跨度结构，抗震设防烈度为 8 度时取 $\xi_v=0.1$，抗震设防烈度为 9 度时取 $\xi_v=0.2$。

表 2-6　**竖向地震作用系数 ξ_v**

结构类型	抗震设防烈度	场地类别		
		Ⅰ	Ⅱ	Ⅲ、Ⅳ
平板型网架、钢屋架	8 度	可不计算(0.10)	0.08(0.12)	0.10(0.15)
	9 度	0.15	0.15	0.20
钢筋混凝土屋架	8 度	0.10(0.15)	0.13(0.19)	0.13(0.19)
	9 度	0.20	0.25	0.05

注：括号中的数值用于设计基本地震加速度为 $0.3g$ 的地区。

2.4　结构抗震验算

2.4.1　基本原则

结构抗震验算包括结构构件截面抗震验算和结构抗震变形验算。

各类建筑结构的抗震验算应遵循以下原则：

① 对于抗震设防烈度为 6 度地区的建筑(不规则建筑及建造于Ⅳ类场地上较高的高层建筑除外)，可不进行截面抗震验算，但应采取《建筑抗震设计规范》(GB 50011—2010)要求的相关抗震措施；

② 对于抗震设防烈度为 6 度地区的不规则建筑和建造于Ⅳ类场地上较高的高层建筑，以及抗震设防烈度为 7 度和 7 度以上地区的建筑结构(生土房屋和木结构房屋除外)，应进行多遇地震作用下的截面抗震验算。

2.4.2　截面抗震验算

结构构件截面抗震验算，主要复核结构构件控制截面在多遇地震作用下的截面承载力是否满足要求。

(1) 结构构件内力

结构构件的地震作用效应和其他荷载效应的基本组合，应按下式计算：

$$S=\gamma_G S_{GE}+\gamma_{Eh}S_{Ehk}+\gamma_{Ev}S_{Evk}+\psi_w\gamma_w S_{wk} \tag{2-11}$$

式中 S——结构构件内力组合的设计值，包括组合的弯矩、轴向力和剪力设计值等；

γ_G——重力荷载分项系数，一般情况应采用 1.2，当重力荷载效应对构件承载能力有利时，不应大于 1.0；

γ_{Eh}，γ_{Ev}——水平、竖向地震作用分项系数，应按表 2-7 采用；

γ_w——风荷载分项系数，应采用 1.4；

S_{GE}——重力荷载代表值的效应，有吊车时，尚应包括悬吊物重力标准值的效应；

S_{Ehk}——水平地震作用标准值的效应，尚应乘以相应的增大系数或调整系数；

S_{Evk}——竖向地震作用标准值的效应，尚应乘以相应的增大系数或调整系数；

S_{wk}——风荷载标准值的效应；

ψ_w——风荷载组合值系数，一般结构取 0，风荷载起控制作用的建筑应采用 0.2。

表 2-7 **地震作用分项系数**

地震作用	γ_{Eh}	γ_{Ev}
仅计算水平地震作用	1.3	0.0
仅计算竖向地震作用	0.0	1.3
同时计算水平与竖向地震作用(以水平地震为主)	1.3	0.5
同时计算水平与竖向地震作用(以竖向地震为主)	0.5	1.3

(2) 强度验算

结构构件的截面抗震验算，应采用下列设计表达式：

$$S\leqslant\frac{R}{\gamma_{RE}} \tag{2-12}$$

式中 γ_{RE}——承载力抗震调整系数，除另有规定外，应按表 2-8 采用；

R——结构构件承载力设计值。

应该特别指出的是，当仅计算竖向地震作用时，各类结构构件承载力抗震调整系数均应采用 1.00。

表 2-8 **承载力抗震调整系数**

材料	结构构件	受力状态	γ_{RE}
钢	柱，梁，支撑，节点板件，螺栓，焊缝	强度	0.75
	柱，支撑	稳定	0.80
砌体	两端均有构造柱、芯柱的抗震墙	受剪	0.9
	其他抗震墙	受剪	1.0
混凝土	梁	受弯	0.75
	轴压比小于 0.15 的柱	偏压	0.75
	轴压比不小于 0.15 的柱	偏压	0.80
	抗震墙	偏压	0.85
	各类构件	受剪、偏拉	0.85

2.4.3　结构抗震变形验算

结构抗震变形验算应采用两阶段设计法，其中，第一阶段为多遇地震作用下的弹性变形验算，第二阶段为罕遇地震作用下的弹塑性变形验算。

(1) 多遇地震作用下结构的变形验算

表 2-9 所列各类结构应进行多遇地震作用下的抗震变形验算，其楼层内最大的弹性层间位移应符合下式要求：

$$\Delta u_e \leqslant [\theta_e] h \tag{2-13}$$

式中　Δu_e——多遇地震作用标准值产生的楼层内最大的弹性层间位移，各作用分项系数均应采用 1.0；

$[\theta_e]$——弹性层间位移角限值，宜按表 2-9 采用；

h——计算楼层层高。

需要特别注意的是，钢筋混凝土结构构件的截面刚度一般可采用弹性刚度；当所计算的变形量较大时，宜适当考虑截面开裂的刚度折减，如取 85%的弹性刚度。

表 2-9　**弹性层间位移角限值**

结构类型	$[\theta_e]$
钢筋混凝土框架	1/550
钢筋混凝土框架-抗震墙、板柱-抗震墙、框架-核心筒	1/800
钢筋混凝土抗震墙、筒中筒	1/1000
钢筋混凝土框支层	1/1000
多、高层钢结构	1/250

(2) 罕遇地震作用下结构的变形验算

《建筑抗震设计规范》(GB 50011—2010)规定，下列结构应进行罕遇地震作用下的弹塑性变形验算：

① 抗震设防烈度为 8 度的Ⅲ、Ⅳ类场地和抗震设防烈度为 9 度时，高大的单层钢筋混凝土柱厂房的横向排架；

② 抗震设防烈度为 7～9 度时楼层屈服强度系数小于 0.5 的钢筋混凝土框架结构和框排架结构；

③ 高度大于 150 m 的结构；

④ 甲类建筑和抗震设防烈度为 9 度时乙类建筑中的钢筋混凝土结构和钢结构；

⑤ 采用隔震和消能减震设计的结构。

上述各类结构在罕遇地震作用下，结构薄弱层(部位)弹塑性层间位移应满足下式要求：

$$\Delta u_p \leqslant [\theta_p] h \tag{2-14}$$

式中　Δu_p——弹塑性层间位移；

$[\theta_p]$——弹塑性层间位移角限值，宜按表 2-10 采用；

h——薄弱层楼层高度或单层厂房上柱高度。

表 2-10　**弹塑性层间位移角限值**

结构类型		$[\theta_p]$
钢筋混凝土结构	单层柱排架	1/30
	框架	1/50
	底部框架砌体房屋中的框架-抗震墙	1/100
	框架-抗震墙、板柱-抗震墙、框架-核心筒	1/100
	抗震墙、筒中筒	1/120
多、高层钢结构		1/50

注：对钢筋混凝土框架结构，当轴压比小于 0.40 时，$[\theta_p]$可提高 10%；当柱子全高的箍筋构造比《建筑抗震设计规范》(GB 50011—2010)规定的体积配箍率大 30%时，$[\theta_p]$可提高 20%，但累计不超过 25%。

2.5　典型例题及案例分析

2.5.1　典型例题

【例 2-1】　试用底部剪力法计算图 2-5 所示框架在多遇地震作用下的层间剪力。已知结构的基本周期 $T_1=0.467$ s，抗震设防烈度为 8 度，层高为 3.5 m，所在场地为Ⅱ类场地，设计地震分组为第二组。

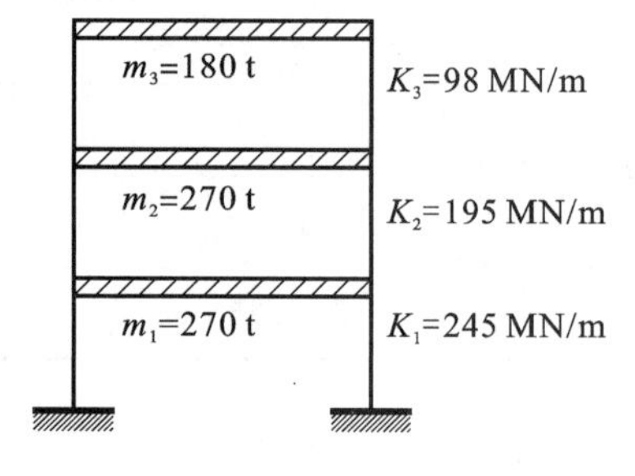

图 2-5　例 2-1 图

【解】　(1) 计算结构等效总重力荷载代表值

$$G_{eq}=(180+270+270)\times 9.8\times 85\%=5997.6(\text{kN})$$

(2) 计算水平地震影响系数和特征周期

$$\alpha_{max}=0.16,\quad T_g=0.4\ \text{s},\quad \alpha_1=0.139$$

(3) 计算结构总的水平地震作用标准值

$$F_{Ek}=\alpha_1 G_{eq}=833.7\ \text{kN}$$

(4) 计算顶部附加水平地震作用

$$\delta_n=0$$

$$\Delta F_n=\delta_n F_{Ek}=0$$

(5) 计算各层的水平地震作用标准值

$$F_i=\frac{G_iH_i}{\sum_{j=1}^{n}G_jH_j}F_{Ek}(1-\delta_n)=\frac{G_iH_i}{\sum_{j=1}^{n}G_jH_j}F_{Ek}$$

$$F_1=\frac{270\times 9.8\times 3.5}{270\times 9.8\times 3.5+270\times 9.8\times 7+180\times 9.8\times 10.5}\times 833.7=166.7(\text{kN})$$

$$F_2=\frac{270\times 9.8\times 7}{270\times 9.8\times 3.5+270\times 9.8\times 7+180\times 9.8\times 10.5}\times 833.7=333.5(\text{kN})$$

$$F_3=\frac{180\times 9.8\times 10.5}{270\times 9.8\times 3.5+270\times 9.8\times 7+180\times 9.8\times 10.5}\times 833.7=333.5(\text{kN})$$

2.5.2　案例分析

由于地震会给结构带来巨大危害，因此，世界各国的结构设计者们均在探索各类方法以提高建筑物的抗震性能。图 2-6(a)所示为美国的滚珠大楼，其设计理念为在建筑物每根柱子或墙体下安装不锈钢滚珠，由滚珠支撑整个建筑，纵横交错的钢梁把建筑物同地基紧紧地固定起来，发生地震时，富有弹性的钢梁会自动伸缩，于是大楼在滚珠上会轻微地前后滑动，这可以大大减弱地震的破坏力。图 2-6(b)所示为日本的高层抗震大厦，其使用了与美国纽约世界贸易中心相同的钢管 168 根，确保了抗震强度。另外，该建筑还使用了刚性结构抗震体。如遇阪神大地震级别的地震，柔性结构的建筑一般要摇动 1 m 左右，而刚性结构建筑只摇动 30 cm。

与西方砖石结构建筑的"以刚克刚"不同，我国传统的木结构建筑在抵抗地震冲击力时采用的是"以柔克刚"的思维，采取种种巧妙的措施，其目标是以最小的代价，将强大的自然破坏力减小至最低程度。图 2-6(c)所示为我国的传统木结构，该类结构具有框架结构的种种优越性，如"墙倒屋不塌"的功效，且其柔性的连接使得它具有相当大的弹性和一定程度的自我修复能力。在汶川大地震中，许多文物建筑的墙体均不同程度地受损，但主体结构仍未倒塌，这就是柔性框架结构抗震能力的表现。另外，我国古代建筑一般由台基、梁架、屋顶构成，高等级的建筑在屋顶和梁柱之间还有一个斗拱层，如图 2-6(d)所示。我国古代建筑的台基用现代结构语言描述，堪称"整体浮筏式基幢"，好比一艘大船载着建筑漂浮在地震形成的"惊涛骇浪"中，能够有效地避免建筑的基础发生剪切破坏，减小地震波对上部建筑的冲击。

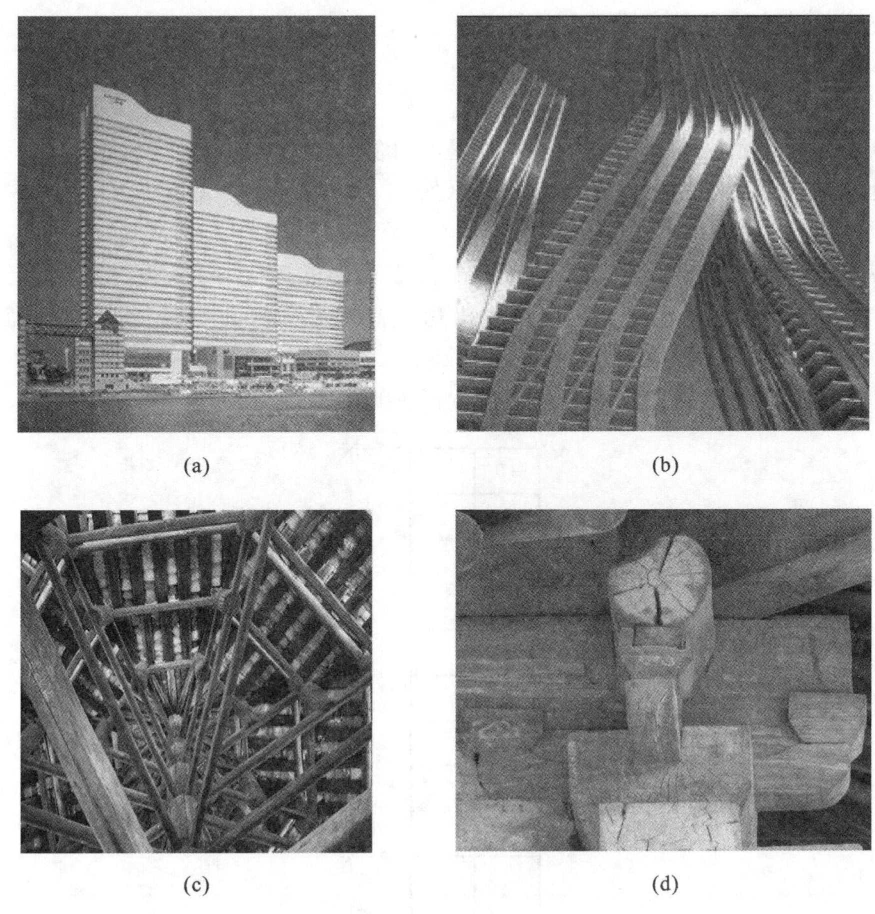

(a)　(b)　(c)　(d)

图 2-6　世界各国建筑抗震典型案例

(a) 美国滚珠大楼；(b) 日本高层抗震大厦；(c) 我国传统木结构；(d) 我国"整体浮筏式基幢"的斗拱、榫卯

根据上述案例，请同学们思考以下问题："以柔克刚"与"以刚克刚"的设计理念为什么均能在结构抗震中起到不错的效果？其工作原理的理论基础是什么？

本章小结

(1) 地震作用包括竖向地震作用和水平地震作用。对于一般建筑结构，竖向地震作用的影响不明显，可仅计算其水平地震作用。

(2) 水平地震作用计算的基本方法有底部剪力法、振型分解反应谱法和时程分析法等，满足一定条件的结构可采用简单的底部剪力法手算水平地震作用。

(3) 竖向地震作用的计算方法包括竖向反应谱法和静力法。其中，竖向反应谱法适用于高耸结构和高层建筑，静力法适用于大跨度结构和长悬臂结构。

(4) 结构抗震变形验算包括第一阶段多遇地震作用下截面承载力设计和弹性层间位移验算，以及第二阶段罕遇地震作用下薄弱层(部位)的弹塑性层间位移验算。

思考题与习题

2-1　什么是地震作用？

2-2　重力荷载代表值如何计算？

2-3　简述底部剪力法的基本原理和计算步骤。

2-4　什么是地震反应谱？影响地震作用大小的因素有哪些？绘图描述《建筑抗震设计规范》(GB 50011—2010)规定的设计反应谱。

2-5　简述竖向反应谱法和静力法的基本原理和计算步骤。

2-6　场地特征周期对结构的地震反应有什么影响？

2-7　结构抗震变形验算应包括哪些内容？

2-8　某钢筋混凝土框架结构房屋高 38.4 m，抗震设防烈度为 8 度，设计地震分组为第二组，所在场地类别为Ⅱ类。各层的质量和抗侧刚度沿房屋高度方向分布均较均匀，其剖面如图 2-7 所示。每层恒荷载的标准值为 14580 kN，每层活荷载为 2430 kN；结构的基本自振周期 $T_1=0.93$ s。试用底部剪力法求各层所受水平地震作用标准值及基础顶面处的地震剪力设计值。

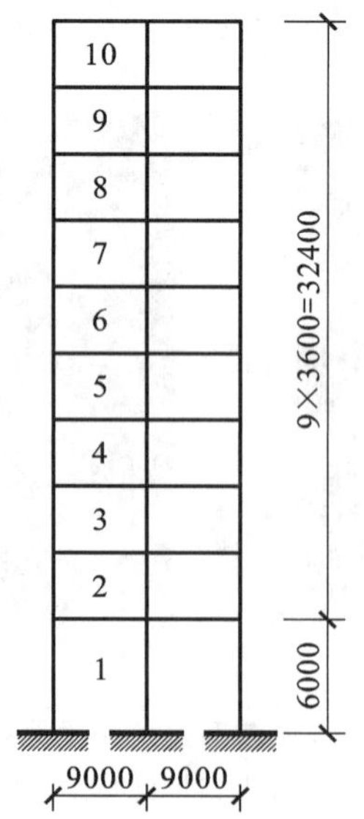

图 2-7　思考题与习题 2-8 图

3　地基基础抗震设计

【内容提要】

本章的主要内容包括：地基基础的震害及相关抗震验算，不良地基（液化地基、软土地基及不均匀地基等）的抗震验算内容及其抗震措施，桩基的震害及抗震验算。

【能力要求】

通过本章的学习，学生应掌握地基基础抗震设计原则和要求，熟悉天然地基的抗震验算及不良地基的抗震措施，了解天然地基浅基础和桩基的震害及抗震验算。

3.1　概　　述

3.1.1　地基基础的概念

各类建筑物、构筑物都是建造在一定的地层（土层或岩层）上的，上部结构的各种荷载均由其下的地层来承担。直接承受建筑物荷载的地层称为地基，其可分为天然地基和人工地基。通常将未经人工处理即可直接设置基础的地基称为天然地基。若地基工程性质软弱、承载力满足不了设计要求，则需对地基进行加固处理（换填垫层、夯实地基、排水固结、挤密地基、化学加固等），这类经过人工加固处理的地基称为人工地基。

基础是将上部结构的荷载传递给地基的人工构筑物，绝大部分埋藏于地下，如图 3-1 所示。根据基础的埋置深度和施工的难易程度，其一般可分为浅基础和深基础两类：埋深不大于 5 m，可通过简单的施工方法进行基坑开挖和排水的基础称为浅基础，如柱下独立基础、条形基础、筏形基础、交叉梁基础等；埋深大于 5 m，需要用专门且复杂的施工方法建造的基础称为深基础，如桩基础、沉井基础、地下连续墙、桩筏或桩箱基础等。值得注意的是，有时上述分类界限不是很明显，如深水中的桥墩基础，其在土层内的深度虽然较浅，但在水下部分较深，宜按深基础进行设计。

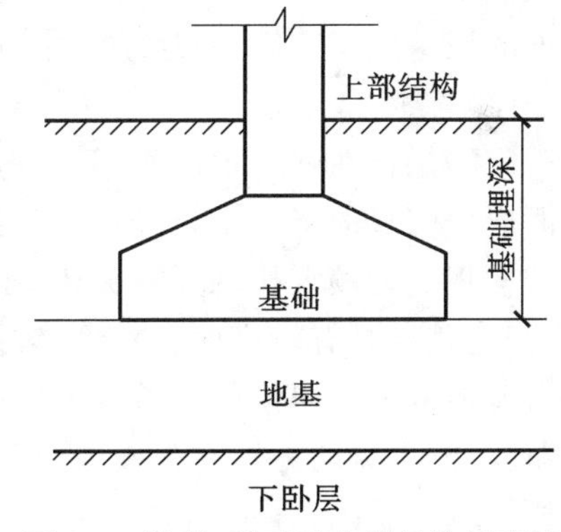

图 3-1　地基、基础及上部结构示意图

3.1.2　地基基础抗震设计原则

若地基由软弱或松散的土层组成，则发生地震时其结构将受到扰动和破坏，强度明显降低，进而影响到上部结构，如地基不均匀沉降会使上部结构倾斜、开裂甚至倒塌等。因此，确保地基、基础稳定（不发生过大的变形和不均匀沉降）是其抗震设计的基本原则。

3.1.3　地基基础抗震设计要求

地基、基础的抗震设计应通过合理的概念设计来保证其抗震能力，具体要求如下。

(1) 对地基的要求

同一结构单元不宜设置在性质截然不同的地基土层上,也不宜部分采用天然地基,部分采用人工地基。地基主要持力层范围内有软弱黏性土、液化土、新近填土或严重不均匀土时,宜对地基土采取必要措施,或适当加强基础的整体性与刚度,并根据上部结构的受力体系选择有效的基础类型。此外,应充分估计地震时地基的不均匀沉降或其他不利影响,并采取相应措施。

(2) 建筑场地的选择

抗震建筑地基宜选择有利地段,避开不利地段。有利、一般、不利和危险地段的划分详见表 1-3。

(3) 基础及其埋置深度的确定

抗震的高层建筑宜设置地下室,连同地下室的天然地基基础的埋置深度不应小于地面上建筑物高度的 1/15～1/12;桩基础承台底部的埋置深度不宜小于地面上建筑物高度的 1/18。埋置深度一般从室外地面算起,如果地下室周围无可靠侧限,则应从具有侧限的地面算起。

(4) 抗震缝的设置

抗震建筑形体复杂时,宜用抗震缝将其分成规则建筑,并结合地基土的不同沉降要求,将抗震缝、沉降缝、伸缩缝结合考虑,后两者的缝宽须符合抗震缝的要求。不同高度抗震建筑(如高层建筑与裙房)之间由于沉降不同,其沉降差经精确计算符合要求(误差不超过 30 mm)后可不设沉降缝,而采用后浇缝处理。

3.2 地基抗震验算

3.2.1 天然地基的震害特点

由于地区特点和地质条件的复杂性,破坏性地震发生时,地面及建筑物的破坏类型多种多样,常见的地基震害有震陷、地基液化、边坡失稳及地裂等。

(1) 震陷

震陷是指在强烈地震作用下,地基土由于土层加密、塑性区扩大或强度降低而导致工程结构或地面产生明显的竖向永久变形的现象。若地基土由软弱黏性土或松散的砂土组成,在强震发生时其结构将受到较大扰动并被破坏,强度显著下降,在上部荷载作用下就会产生很大的附加沉降。另外,当地基土具有较高的含水量、较差的颗粒级配或较高的孔隙比时,也易引起较大的震陷。在我国沿海地区及大河流的下游软土地区,震陷往往是主要的地基震害;在西南地区,喀斯特地貌广泛分布,溶洞发育的地区在强震作用下也易诱发震陷。除上述情况外,地下存在大面积采空区的地区同样易诱发震陷。

(2) 地基液化

地基液化是指在振动荷载作用下,由于孔隙水压力增大且有效应力减小,使粉煤灰、尾矿砂、砂砾石,尤其是饱和的松砂、细砂和粉细砂等土体发生从固态转变为液态,甚至喷水冒砂的现象。地震、波浪、机械振动、打桩、爆破及车辆荷载等都有可能引起土体的液化,其中尤以地震引起的地基液化危害最大。地基液化具有范围广、危害大的特点,常引起建筑场地的整体失稳。例如,1964 年日本发生新潟地震时,有的建筑物结构本身并未损坏,却因地基液化而发生整体倾斜;又如 1976 年唐山大地震时,天津某农场 10 m 高左右的砖砌水塔,因其西北角地基土喷水冒砂,整体向西北方向倾斜了 6°。地基液化危害极大,近年来由地震引起的地基液化已引起国内外工程界的普遍重视。

（3）边坡失稳

边坡失稳常发生在山区和陡峭的河谷地区，强烈的地震可能引起诸如崩塌、滑坡和泥石流等山体灾害，进而导致地基、基础或上部结构的破坏。例如，1964年美国的阿拉斯加大地震中，海岸的水下沼泽发生大面积滑坡，带走了许多港口设施并引起海岸涌浪，造成强烈的次生灾害；又如2008年的汶川大地震中，许多山体都发生了滑坡，不仅对建筑物造成了危害，还对人类造成了安全威胁。

（4）地裂

地裂是指地震导致岩层面或地面突然破裂并产生相对位移的现象。地裂很有可能会引起其附近或跨断层建筑物的变形和破坏。例如，唐山大地震时，地面出现了一条长10 km、水平错动1.25 m、垂直错动0.6 m的大地裂，使该断裂带附近的房屋、道路、地下管道等设施遭到严重破坏，民用建筑几乎全部倒塌。

3.2.2　地基基础抗震验算

（1）不进行天然地基基础抗震承载力验算的建筑

房屋震害调查统计资料表明，建造于一般土质天然地基上的房屋，遭遇地震时极少（不到10%）因地基基础承载力不足或发生较大沉陷而引起上部结构的破坏。因此，按照《建筑抗震设计规范》（GB 50011—2010）的要求，下列建筑可不进行天然地基基础的抗震承载力验算。

① 规范规定的可不进行上部结构抗震承载力验算的建筑。

② 地基主要受力层范围内不存在软弱黏性土层的下列建筑：

a. 一般的单层厂房和单层空旷房屋；

b. 砌体房屋；

c. 不超过8层且高度在24 m以下的一般民用框架和框架-抗震墙房屋；

d. 基础荷载与c项中建筑相当的多层框架厂房和多层混凝土抗震墙房屋。

其中，软弱黏性土层指抗震设防烈度为7度、8度和9度时，地基承载力特征值分别小于80 kPa、100 kPa和120 kPa的土层。

（2）天然地基基础的抗震承载力验算

对于需要进行天然地基基础抗震承载力验算的建筑，《建筑抗震设计规范》（GB 50011—2010）规定：

① 验算时应采用地震作用效应标准组合，且地基抗震承载力应取地基承载力特征值乘以地基抗震承载力调整系数计算。

② 地基抗震承载力应按下式计算：

$$f_{aE}=\zeta_a f_a \tag{3-1}$$

式中　f_{aE}——调整后的地基抗震承载力；

ζ_a——地基抗震承载力调整系数，按表3-1采用；

f_a——深宽修正后的地基承载力特征值，应按现行国家标准《建筑地基基础设计规范》（GB 50007—2011）采用。

表3-1　**地基抗震承载力调整系数**

岩土名称和性状	ζ_a
岩石，密实的碎石土，密实的砾、粗、中砂，$f_{ak}\geqslant300$ kPa的黏性土和粉土	1.5
中密、稍密的碎石土，中密和稍密的砾、粗、中砂，密实和中密的细、粉砂，150 kPa$\leqslant f_{ak}<$300 kPa的黏性土和粉土，坚硬黄土	1.3

续表

岩土名称和性状	ζ_a
稍密的细、粉砂，100 kPa$\leqslant f_{ak}<$150 kPa 的黏性土和粉土，可塑黄土	1.1
淤泥，淤泥质土，松散的砂，杂填土，新近堆积黄土及流塑黄土	1.0

③ 验算天然地基在地震作用下的竖向承载力时，按地震作用效应标准组合的基础底面平均压力和边缘最大压力应符合下列各式的要求：

$$p\leqslant f_{aE} \tag{3-2}$$

$$p_{max}\leqslant 1.2f_{aE} \tag{3-3}$$

式中 p——地震作用效应标准组合的基础底面平均压力；

p_{max}——地震作用效应标准组合的基础边缘的最大压力。

此外，对于高宽比大于 4 的高层建筑，在地震作用下基础底面不宜出现拉应力；对于其他建筑，基础底面与地基土之间的脱离区(零应力区)面积不应超过基础底面面积的 15%。

3.3 不良地基抗震设计及防治

3.3.1 液化地基

(1) 液化的机理及影响因素

液化的基本机理：在振动作用下，土颗粒之间发生相互错动而重新排列，短时间内孔隙水来不及消散，导致孔隙水压力急剧上升；根据有效应力原理，孔隙水压力上升的过程也是有效应力下降的过程，当孔隙水压力上升到与原来由土骨架承担的全部有效应力相等时，土颗粒就处于悬浮状态，犹如液体的状态，此时土的抗剪强度为 0，即为液化。

影响场地土液化的主要因素如下。

① 地质年代：土层地质年代越古老，其固结度、密实度和结构性越好，越不容易液化。

② 土体的组成：一般情况下，由于粗颗粒的无黏性土有较大的渗透性，孔隙水压力不易充分发展，故细颗粒的无黏性土较粗颗粒的无黏性土更易于液化。黏性土因具有黏聚力作用，不易发生液化。在饱和粉土中，黏粒含量少的比含量多的更易于液化。工程经验表明，平均粒径小于 2 mm、黏粒含量小于 10%～15%、塑性指数小于 7 的饱和土在地震作用下极易发生液化。

③ 土的相对密度：土体的密度越小，天然孔隙比一般越大，越容易液化。

④ 土层埋深与地下水位深度：土层埋深越大，地下水位越深，其上的有效覆盖压力越大，土层就越不易液化。地震调查资料表明，饱和粉土的液化多发生在地下水位深度为 0.8～1.5 m 的地区；地下水位深度大于 5 m 的土层未发生液化现象。

⑤ 地震烈度、震级与持续时间：地震烈度越大，震级越大，持续时间越长，饱和砂土越容易发生液化。已有资料表明，能使土层发生液化的振动持续时间一般都在 15 s 以上。

(2) 液化判别的相关规定

大量的地震灾害调查资料表明，地基破坏中由砂土液化造成的结构破坏占有很大的比例，处理与液化有关的地基破坏问题多从液化判别、危害程度及相应的抗震措施来考虑。据此，《建筑抗震设计规范》(GB 50011—2010)规定：

① 可不进行液化判别的情况。

若地基土有饱和砂土和饱和粉土(不含黄土),在基本烈度为6度时,一般情况下可不进行液化判别和地基处理,但对液化沉陷敏感的乙类建筑,可按7度的要求进行判别和处理;在基本烈度为7～9度时,乙类建筑可按本地区抗震设防烈度的要求进行判别和处理。

② 应进行液化判别的情况。

当地面下存在饱和砂土和饱和粉土时,除基本烈度为6度的情况以外,应进行液化判别;存在液化土层的地基,应根据建筑的抗震设防类别、地基的液化等级,结合具体情况采取相应的措施。需要特别注意的是,在此情况下,饱和土液化判别要求不含黄土、粉质黏土。

为了减小场地土层液化判别的勘察工作量,根据历来的研究经验,饱和砂土、粉土(不含黄土)的液化判别可分为两步,即初步判别和详细判别(标准贯入试验判别法判别)。凡经初步判别定为不液化或可不考虑液化影响的土层,可不进行标准贯入试验判别法判别,以节省勘察工作量。当饱和砂土、粉土(不含黄土)经初步判别后需考虑液化影响时,需进行标准贯入试验判别法判别。

a. 初步判别。

初步判别地基土液化的指标有地质年代、抗震设防烈度、粉土的黏粒含量、上覆非液化土层厚度和地下水位深度等。当符合下列条件之一时,饱和砂土或粉土(不含黄土)可判别为不液化或不考虑液化的影响:

(a) 土层地质年代为第四纪晚更新世(Q_3)及其以前,且地震设防烈度为7、8度时。

(b) 粉土的黏粒(粒径小于0.005 mm)含量 ρ_c 如表3-2所示时。

表3-2　**粉土非液化黏粒含量界限值**

抗震设防烈度	黏粒含量 ρ_c/%
7度	>10
8度	>13
9度	>16

注:该数值采用六偏磷酸钠测试,若用其他方法应换算。

(c) 浅埋天然地基的地下水位深度和上覆非液化土层厚度满足下列条件之一时:

$$d_w > d_0 + d_b - 3 \tag{3-4}$$

$$d_u > d_0 + d_b - 2 \tag{3-5}$$

$$d_w + d_u > 1.5d_0 + 2d_b - 4.5 \tag{3-6}$$

式中　d_w——地下水位埋深,m,宜按设计基准期内年平均最高水位采用,也可按近期内年最高水位采用;

d_u——上覆非液化土层厚度,m,计算时宜将淤泥和淤泥质土层厚度扣除;

d_b——基础埋置深度,m,不超过2 m时应采用2 m;

d_0——液化土特征深度,m,按表3-3采用。

表3-3　**液化土特征深度 d_0**　(单位:m)

饱和土类别	抗震设防烈度		
	7度	8度	9度
粉土	6	7	8
砂土	7	8	9

b. 详细判别。

当饱和砂土、粉土经初步判别认为需进一步进行液化判别时，应采用标准贯入试验判别法判别地面以下 20 m 范围内土的液化；对可不进行天然地基及基础的抗震承载力验算的各类建筑，可只判别地面以下 15 m 范围内土的液化。

在地面以下 20 m 深度范围内，液化判别标准贯入锤击数临界值可按下式计算：

$$N_{cr}=N_0\beta[\ln(0.6d_s+1.5)-0.1d_w]\sqrt{\frac{3}{\rho_c}} \tag{3-7}$$

式中 N_{cr}——液化判别标准贯入锤击数临界值；

N_0——液化判别标准贯入锤击数基准值，可按表 3-4 采用；

d_s——饱和土标准贯入点深度，m；

ρ_c——黏粒含量，当小于 3%或为砂土时，应采用 3%；

β——调整系数，设计地震第一组取 0.80，第二组取 0.95，第三组取 1.05。

表 3-4 **液化判别标准贯入锤击数基准值**

设计基本地震加速度	0.10g	0.15g	0.20g	0.30g	0.40g
N_0	7	10	12	16	19

当饱和土标准贯入锤击数（未经杆长修正）小于或等于液化判别标准贯入锤击数临界值时，应判别为液化土。当有成熟经验时，也可采用其他判别方法，如进行室内动三轴、动单剪试验等。

（3）地基液化等级

经详细判别后，若地基土会发生液化，则应分析地基液化的危害程度，并采取相应的措施。地基液化的等级用液化指数 I_{lE}来表示。

对存在液化砂土层、粉土层的地基，应探明各液化土层的深度和厚度，按式（3-8）计算每个钻孔的液化指数，并按表 3-5 综合划分地基的液化等级，评价液化土层可能造成的危害程度。

$$I_{lE}=\sum_{i=1}^{n}\left(1-\frac{N_i}{N_{cri}}\right)d_iW_i \tag{3-8}$$

式中 I_{lE}——液化指数。

n——在判别深度范围内每一个钻孔标准贯入试验点的总数。

N_i，N_{cri}——第 i 点的标准贯入锤击数实测值和临界值，当实测值大于临界值时应取临界值；当只需要判别 15 m 范围内地基的液化时，15 m 以下地基的实测值可按临界值采用。

d_i——第 i 点所代表的土层厚度，m，可采用与该标准贯入试验点相邻的上、下两标准贯入试验点深度差的一半，但上界不高于地下水位深度，下界不低于液化深度。

W_i——第 i 土层单位土层厚度的层位影响权函数值，m^{-1}，当该层中点深度不大于 5 m 时应采用 10，等于 20 m 时应采用 0，为 5～20 m 时应按线性内插法取值。

根据液化指数 I_{lE}的大小，可将液化地基分为三个等级，不同等级的液化地基，地面的喷砂冒水情况和对建筑物造成的危害程度也有较大差异，如表 3-5 所示。

表 3-5 **液化等级及相应的震害情况**

液化指数	液化等级	地面喷水冒砂情况	对建筑物的危害程度
$0<I_{lE}\leqslant 6$	轻微	地面无喷水冒砂，或仅在洼地、河边有零星喷水冒砂点	危害性小，一般无明显沉降、不均匀沉降

续表

液化指数	液化等级	地面喷水冒砂情况	对建筑物的危害程度
$6<I_{lE}\leqslant 18$	中等	喷水冒砂可能性大，从轻微到严重均有，多数属于中等	危害性较大，可造成不均匀沉降和开裂，有时不均匀沉降量可达 200 mm
$I_{lE}>18$	严重	喷水冒砂很严重，地面变形非常明显	危害性大，不均匀沉降量可能大于 200 mm，高重心结构可能发生不允许的倾斜，修复工作难度大

(4) 液化的防治措施

目前常用的液化防治措施都是在总结大量震害经验的基础上提出的，综合考虑了建筑物的重要性和地基液化等级及其危害程度，再根据场地的实际情况具体确定。

① 按抗震设防类别及地基液化等级的防治措施。

当液化砂土层、粉土层较平坦且均匀时，宜按表 3-6 选用地基抗液化措施；尚可计入上部结构重力荷载对液化危害的影响，根据对液化震陷量的估计适当调整抗液化措施。此外，不宜将未处理的液化土层作为天然地基持力层。

表 3-6　**抗液化措施**

建筑抗震设防类别	地基的液化等级		
	轻微	中等	严重
乙类	部分消除液化沉陷，或对基础和上部结构处理	全部消除液化沉陷，或部分消除液化沉陷且对基础和上部结构处理	全部消除液化沉陷
丙类	对基础和上部结构处理，也可不采取措施	对基础和上部结构处理，或采取更高要求措施	全部消除液化沉陷，或部分消除液化沉陷且对基础和上部结构处理
丁类	可不采取措施	可不采取措施	对基础和上部结构处理，或采取其他经济措施

注：甲类建筑的地基抗液化措施应进行专门研究，但不宜低于乙类建筑的相应要求。

② 全部消除地基液化沉陷的措施。

全部消除地基液化沉陷的措施包括采用深基础、地基加固处理、地基置换三类，具体要求如下：

a. 采用深基础时，基础底面应埋入液化深度以下的稳定土层中，其深度不应小于 0.5 m。采用桩基时，桩端伸入液化深度以下稳定土层中的长度(不包括桩尖部分的长度)，应按计算确定，且对碎石土，砾、粗、中砂，坚硬黏性土和密实粉土还不应小于 0.8 m，对其他非岩石土还不宜小于1.5 m。

b. 采用加密法(如振冲、振动加密、挤密碎石桩、强夯等)加固时，应处理至液化深度下界；振冲或挤密碎石桩加固后，桩间土的标准贯入锤击数不宜小于液化判别时的标准贯入锤击数临界值。采用加密法或换土法处理时，在基础边缘以外的处理宽度应超过基础底面以下处理深度的 1/2，且不小于基础宽度的 1/5。

c. 挖除全部液化土层，用非液化土替换全部液化土层，或增加上覆非液化土层的厚度。这类措施适用于液化土层较薄、埋藏较浅的情况。

③ 部分消除地基液化沉陷的措施。

部分消除地基液化沉陷的措施主要是对地基进行加固处理，具体要求如下：

a. 处理深度应使处理后的地基液化指数减小，其值不宜大于 5；大面积筏形基础、箱形基础的中心区域，处理后的液化指数可比上述规定降低 1；对独立基础和条形基础，还不应小于基础底面以下液化土的特征深度和基础宽度中的较大值。应该特别指出的是，中心区域是指位于基础外边界以内沿长宽方向距外边界大于相应方向 1/4 长度的区域。

b. 采用振冲或挤密碎石桩加固后，桩间土的标准贯入锤击数不宜小于液化判别时的标准贯入锤击数临界值。

c. 采取减小液化震陷的其他方法，如增厚上覆非液化土层厚度和改善周边排水条件等。

④ 减小液化影响的基础和上部结构的处理措施。

a. 选择合适的基础埋深；调整基础底面面积，以减少基础偏心；加强基础的整体性和刚度，如采用筏形基础、箱形基础或钢筋混凝土交叉条形基础，加设基础圈梁等。

b. 减小荷载，增强上部结构的整体刚度和均匀对称性，合理设置沉降缝，避免采用对不均匀沉降敏感的结构形式等。

c. 管道穿过建筑处应预留足够的尺寸或采用柔性接头等。

3.3.2 其他不良地基

(1) 软土地基的抗震设计

当地基土主要持力层范围内存在软弱黏性土时，由于这类土层具有高压缩性，承载力特别小，若设计不合理，地震发生时易造成较大的附加沉降和不均匀沉降，从而导致上部结构的破坏，因此，设计时对软土地基要合理选择地基容许承载力，以保证有足够的安全储备。

《建筑抗震设计规范》(GB 50011—2010)规定，地基中软弱黏性土层的震陷判别方法为：抗震设防烈度为 8 度(0.30g)和 9 度时，塑性指数小于 15 且符合下式规定的饱和粉质黏土可判别为震陷性软土：

$$W_S \geqslant 0.9W_L \tag{3-9}$$

$$I_L \geqslant 0.75 \tag{3-10}$$

式中 W_S——天然含水量；

W_L——液限含水量，采用液、塑限联合测定法测定；

I_L——液性指数。

饱和粉质黏土震陷的危害性和抗震陷措施应根据沉降和横向变形的大小等因素综合研究确定。常用的软土地基抗震措施包括采用桩基础、地基加固处理等。

需要特别注意的是，若软弱土层不厚，采用桩基础时，桩基应穿过软弱土层进入下部坚实土层中适当深度；若软弱土层较厚，则应设计较经济的桩长。

(2) 不均匀地基的抗震设计

对于河道及临近河岸、湖岸及海岸等地段，土层含水量一般较大，承载力较小，若处理不当，则极易造成不均匀沉降；对于边坡地段，土层液化时则有可能发生大规模滑坡。《建筑抗震设计规范》(GB 50011—2010)规定，在上述地段内有液化侧向扩展或流滑可能的情况下，不宜修建永久建筑，否则应进行抗滑动验算，并采取防止土体滑动的措施或结构抗裂措施。

3.4 基础抗震验算

3.4.1 天然地基浅基础的抗震验算

(1) 天然地基浅基础的震害

地震发生时，常见的天然地基浅基础震害包括沉降、不均匀沉降、倾斜、局部倾斜、水平位移和受拉破坏等。

① 沉降与不均匀沉降。

沉降与不均匀沉降常会使地下构筑物或桥下净空减小而影响其稳定性。另外，对于承重结构，不均匀沉降常导致上部结构受力不均匀而引起建筑物开裂、倾斜甚至倒塌。观测资料表明，当地震发生时，一般黏性土地基上的建筑物产生的沉降量通常都不大；软土地区则可产生 10～20 cm 的沉降量，有的可达 30 cm 以上；当地基的主要受力层为液化土或含有较多的液化土层时，由于液化现象可能会产生数十厘米甚至 1 m 以上的沉降量。

② 倾斜与局部倾斜。

倾斜与局部倾斜多由不均匀沉降引起，轻则引起建筑物外观变形，重则导致建筑物的使用受到限制或成为危险建筑。

③ 水平位移。

水平位移常见于边坡、海洋、河流或湖泊岸边，由地震时边坡失稳或岸边地下液化土层发生侧向扩离所致。

④ 受拉破坏。

受拉破坏常见于高耸结构及桩基础。地震发生时，烟囱、水塔、信号塔等结构物的拉锚装置可能会因为水平地震作用，受到较大拉力而发生破坏。例如，唐山大地震时开滦煤矿井架的斜架及斜撑多遭到破坏，地脚螺栓上拔 10～130 mm，斜架基础底板位移 10～160 mm。桩基础的外排桩在较大力矩作用下受到过大的拉力时，桩与承台的连接处可能会发生破坏。

(2) 天然地基浅基础的抗震验算

天然地基浅基础的抗震验算主要包括以下步骤：

① 根据静力设计的要求确定天然地基浅基础尺寸。

② 对地基进行强度和沉降量的核算。

③ 验算地基抗震强度。

应该特别指出的是，验算地基抗震强度时采用拟静力法，即假定地震作用如同静力作用，根据地基抗震验算所得到的基础底面应力分布，按照基础类型进行基础的抗弯、抗剪及抗冲切验算。一般在手算时，可比较地震作用效应标准组合下的基础底面应力分布和静力荷载效应标准组合下的基础底面应力分布情况，如果地震作用效应标准组合产生的地基反力大，则需要进行基础的抗震验算。

(3) 天然地基浅基础的抗震措施

在进行地基、基础抗震设计时，应根据具体情况选择对抗震有利的基础类型，并在抗震验算时尽量考虑结构、基础和地基的相互作用，使其能反映地基、基础在不同阶段的工作状态。在确定基础的类型和埋深时，还应考虑以下工程经验。

① 选择合适的基础埋深。

基础埋深首先应该满足构造要求。另外，同一结构单元的基础不宜采用不同的基础埋深。

② 尽量选择深基础。

地震发生时，土中水平加速度在地表以下 5 m 内会大幅度减小，四周土层对基础的震动能起到阻抗作用，有利于使更多的震动能量耗散到周围土层中。

③ 采用筏形基础、箱形基础或联合基础类型。

对软弱地基，宜优先考虑设置地下室，采用筏形基础、箱形基础或联合基础这几类整体性能好的基础类型。

④ 其他措施。

当地基承载力较小、建筑物层数不多时，可采用独立基础，但最好用地基梁将其连成整体，或采用交叉条形基础。

3.4.2 桩基的抗震验算

(1) 桩基的震害

根据历年来地震震害的调查结果，桩基础的抗震性能普遍优于其他基础类型。桩基础具有承载力大、稳定性好、沉降量小且均匀、沉降速率低且收敛快、便于机械化施工、适应性强等优点，故在抗震工程领域具有重要地位。但当桩端直接支承于液化土层上和桩侧具有较大地面堆载时，其抗震性能则较差。除此以外，当桩基承受有较大水平荷载时，在较大地震作用下也易发生破坏。常见的桩基震害如下所述。

① 非液化土中桩基的震害。

在非液化土中，若上部结构惯性力过大，则易引起桩与承台连接处和上部桩身的破坏，破坏形式一般以拉、压、弯、剪压为主，如图 3-2、图 3-3 所示。若地基土存在软硬相间土层，在两者交界面处的弯矩、剪力过大则易导致桩身破坏。若地基土为软土，则会因桩轴向承载力不足而引起震陷。

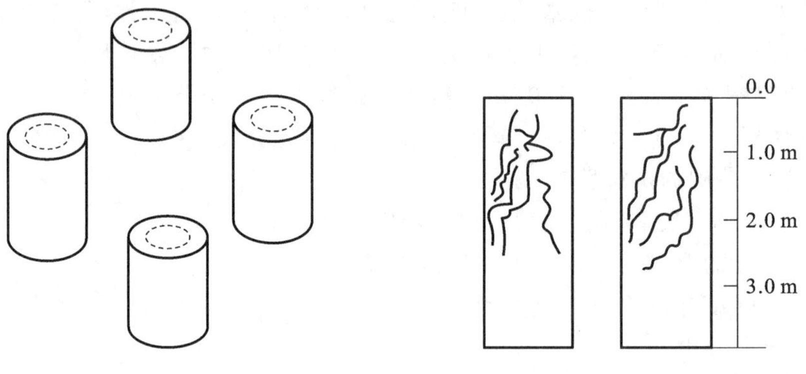

图 3-2 柱头环向弯曲裂缝　　图 3-3 桩头剪压破坏

② 液化土中桩基的震害。

在液化土中，由于发生液化沉陷，建筑物周边常会出现喷水冒砂现象，桩承台相对上升而液化土相对下沉，导致承台与土层脱空；若桩基未深入下卧非液化层中，则桩基失效；若地震较大，土层的相对剪切位移增大，则导致桩身在液化层界面附近出现裂缝，如图 3-4 所示；在液化土层发生侧向扩展的情况下，桩身在液化层底部或中部易发生剪坏或弯折，桩身被折断后将产生不均匀沉降导致上部结构破坏，如图 3-5 所示。

需要特别注意的是，对于不同材料的桩基础，其破坏形式也有差异：木桩破坏多为从承台中拔脱或产生刚体式桩基倾斜下沉，桩身破坏较少；钢筋混凝土桩在非液化土中以桩头的剪压或弯曲破坏为主；钢管桩常因液化土层的侧向扩展导致土体滑移，或因桩顶位移过大而发生弯曲破坏。

(2) 桩基的抗震验算

① 可不进行桩基抗震承载力验算的范围。

根据《建筑抗震设计规范》(GB 50011—2010)的规定，承受以竖向荷载为主的低承台桩基，当地面下无液化土层且桩承台周围无淤泥、淤泥质土和地基承载力特征值不大于 100 kPa 的填土时，以下建筑可不进行桩基抗震承载力验算：

a. 抗震设防烈度为 7 度和 8 度时的一般单层厂房和单层空旷房屋；

b. 抗震设防烈度为 7 度和 8 度时，不超过 8 层且高度在 24 m 以下的一般民用框架房屋；

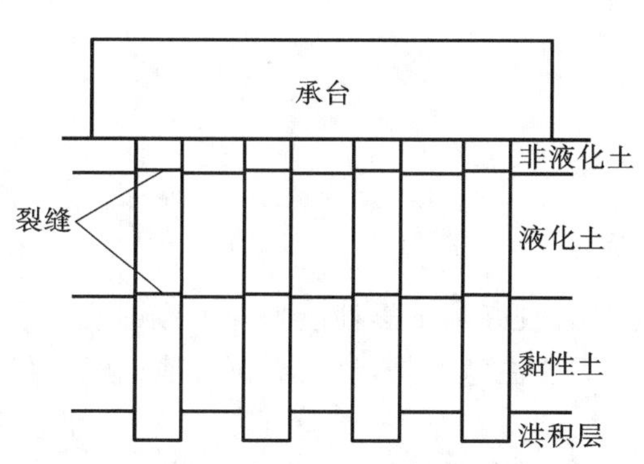

图 3-4　液化土无侧向扩展时的桩身破坏

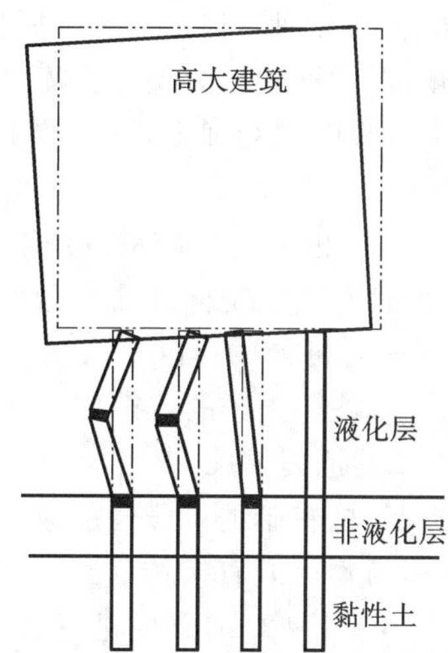

图 3-5　液化土侧向扩展时的桩身破坏

c. 抗震设防烈度为 7 度和 8 度时，基础荷载与 b 项中建筑相当的多层框架厂房和多层混凝土抗震墙房屋。

② 非液化土中低承台桩基的抗震验算。

单桩的竖向和水平向抗震承载力特征值，均可比非抗震设计时提高 25%；当承台周围的回填土夯实至干密度不小于 16.5 kN/m³［《建筑地基基础设计规范》(GB 50007—2011)对填土的要求］时，可由承台正面填土与桩共同承担水平地震作用，但不应计入承台底面与地基土间的摩擦力。

③ 存在液化土层的低承台桩基的抗震验算。

承台埋深较浅时，不宜计入承台周围土的抗力或刚性地坪对水平地震作用的分担作用。当桩承台底面上、下分别有厚度不小于 1.5 m、1.0 m 的非液化土层或非软弱土层时，可按以下两种情况进行桩的抗震验算，并按不利情况设计：

a. 桩承受全部地震作用，桩承载力按上述②取用，液化土的桩周摩阻力及桩水平抗力均应乘以表 3-7 所示的折减系数。

b. 地震作用按水平地震影响系数最大值的 10%采用，单桩的竖向和水平向抗震承载力特征值，均可比非抗震设计时提高 25%，但应扣除液化土层的全部摩阻力及桩承台下 2 m 深度范围内非液化土的桩周摩阻力。

表 3-7　　土层液化影响折减系数

实际标准贯入锤击数/临界标准贯入锤击数	深度 d_s/m	折减系数
不大于 0.6	$d_s \leqslant 10$	0
	$10 < d_s \leqslant 20$	1/3
大于 0.6 且不大于 0.8	$d_s \leqslant 10$	1/3
	$10 < d_s \leqslant 20$	2/3
大于 0.8 且不大于 1.0	$d_s \leqslant 10$	2/3
	$10 < d_s \leqslant 20$	1

④ 打入式预制桩及其他挤土桩的抗震验算。

当平均桩距为 2.5～4 倍桩径且桩数不少于 5×5 时，可计入打桩对土的加密作用及桩身对液化土变形限制的有利影响。当打桩后桩间土的标准贯入锤击数值达到不液化的要求时，单桩承载力可不折减，但对桩尖持力层作强度校核时，桩群外侧的应力扩散角应为0°。打桩后桩间土的标准贯入锤击数宜由试验确定，也可按下式计算：

$$N_1 = N_p + 100\rho(1 - e^{-0.3N_p}) \tag{3-11}$$

式中 N_1——打桩后的标准贯入锤击数；

ρ——打入式预制桩的面积置换率；

N_p——打桩前的标准贯入锤击数；

e——打桩后土体的孔隙比。

(3) 桩基的抗震措施

实践证明，桩基础的抗震性能较好（沉井基础也具有较好的抗震性能），并可穿透液化土层或软弱土层，将建筑物荷载直接传递到下部稳定土层中。需要注意的是，桩尖或沉井底面埋入稳定土层的深度不应小于1～2 m，并应进行必要的抗震验算。

桩基宜采用低承台，以便发挥承台周围土体的阻抗作用。按照《建筑抗震设计规范》（GB 50011—2010）的要求，处于液化土中的桩基承台周围，宜用密实干土填筑夯实，若用砂土或粉土则应使土层的标准贯入锤击数不小于规定的液化判别标准贯入锤击数临界值。液化土和震陷软土中桩的配筋范围，应自桩顶至液化深度以下符合全部消除液化沉陷所要求的深度，其纵向钢筋应与桩顶部相同，箍筋应加粗和加密。

对于有液化侧向扩展的地段，桩基除了应满足上述规定外，还应考虑土流动时的侧向作用力，且承受侧向推力的面积应按边桩外缘间的宽度计算。

本章小结

(1) 地基、基础的抗震设计应通过选择合理的基础体系和进行抗震验算来保证其抗震能力，一般只进行承载力验算。其验算方法与静力状态下的验算方法类似，必要时应进行地基液化的可能性判别。

(2) 地基液化及其危害程度的判别可分为初步判别和详细判别两个步骤。初步判别以地质年代、粉土的黏粒含量、上覆非液化土层厚度和地下水位浓度等作为判别条件。初步判别后若需进一步判别，则应采用标准贯入试验判别法进行详细判别。为消除或减轻地基液化的危害，应根据液化等级和建筑结构特点选择合适的措施。

(3) 桩基的抗震性能一般优于其他基础类型，桩基的抗震验算应符合《建筑抗震设计规范》（GB 50011—2010）的相关规定。

思考题与习题

3-1　地基、基础抗震设计的基本要求有哪些？

3-2　请简述天然地基、基础的震害特点。

3-3　地基液化的机理是什么？如何进行抗液化处理？

3-4　请简述桩基的震害及抗震验算内容。相应的抗震措施有哪些？

3-5　某厂房采用现浇柱下独立基础，基础埋深为3 m，基础底面尺寸为3 m×4 m，基础高度为0.6 m。由浅层平板荷载试验测得基底主要持力层的地基承载力特征值为210 kPa，地基土的其余参数如图3-6所示。考虑地震作用效应标准组合，作用于基底形心处的荷载为：$N=4800$ kN，

$M=900$ kN·m,$V=40$ kN(单向偏心)。试按《建筑抗震设计规范》(GB 50011—2010)验算地基的抗震承载力。

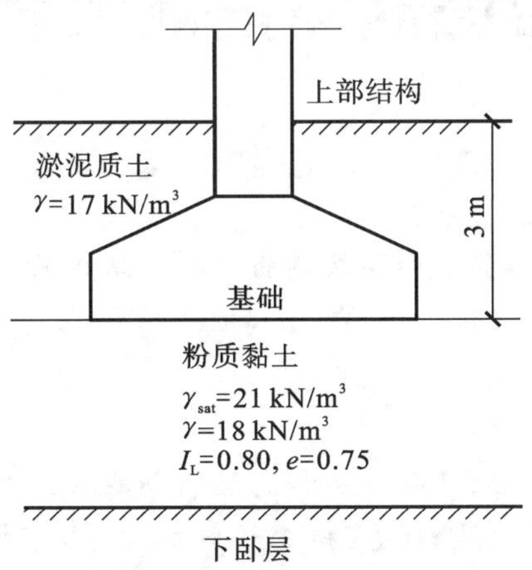

图 3-6 思考题与习题 3-5 图

3-6 某建筑场地土层分布及各层中点处的标准贯入锤击数如图 3-7 所示,地下水位在地面以下 1.0 m 处。该场地抗震设防烈度为 8 度,设计地震分组为第一组,基础埋深为 2 m。试按《建筑抗震设计规范》(GB 50011—2010)判别该场地土层液化的可能性及其液化等级。

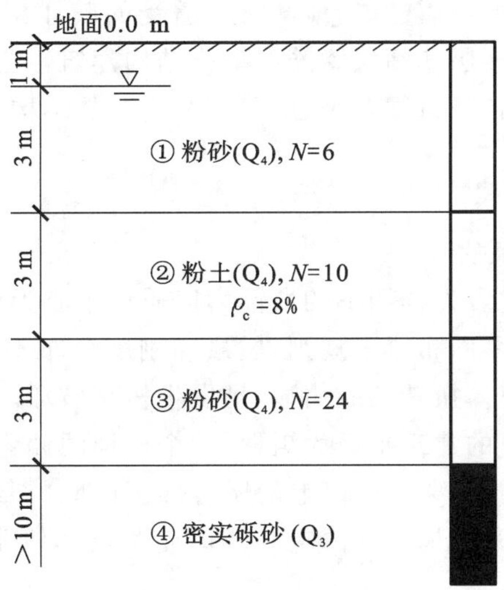

图 3-7 思考题与习题 3-6 图

4　多层和高层钢筋混凝土房屋抗震设计

【内容提要】

本章的主要内容包括：多层和高层钢筋混凝土结构的震害特征及其原因，多层和高层钢筋混凝土结构抗震概念设计的方法，框架结构抗震设计的主要流程及抗震构造措施。

【能力要求】

通过本章的学习，学生应了解多层和高层钢筋混凝土结构的震害特征及其原因，熟悉多层和高层钢筋混凝土结构抗震概念设计的要求，掌握框架结构的抗震设计方法及其构造措施。

4.1　多层和高层钢筋混凝土结构的震害特征及其原因

钢筋混凝土结构具有较好的抗震性能，地震时所遭受的破坏比砌体结构的震害轻得多。但如果设计不合理、施工质量不良，多层和高层钢筋混凝土结构建筑也会产生严重的震害。震害的程度主要取决于地震动特性和结构自身特征两个方面，本节主要从结构自身特征方面进行分析。

4.1.1　结构布置层面的震害

(1) 平面布置不当产生的震害

通常情况下，结构在水平地震力作用下的惯性力以质量中心为作用点，而结构的抗力以结构刚度中心为作用点。当建筑结构平面布置不规则，质量和刚度分布不均匀、不对称时，刚度中心和质量中心将产生较大偏差，结构整体扭转效应明显，易发生扭转破坏。

例如，马那瓜中央银行大厦的建筑平面为矩形，四个楼梯间偏置于塔楼东侧，西侧为填充墙，如图 4-1 所示。震后发现横向裂缝贯穿 3 层以上的所有楼板(部分裂缝宽度达 1 cm)，直至电梯井东侧；塔楼西立面、其他立面窗下和电梯井处的空心砖填充墙及其他非结构构件均严重破坏或倒塌，扭转破坏严重。

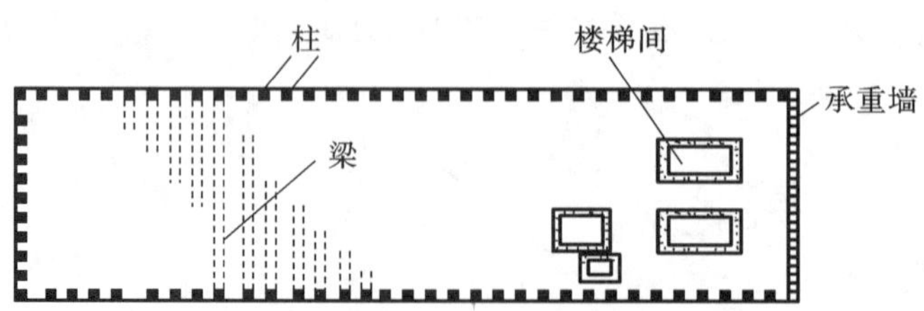

图 4-1　马那瓜中央银行大厦建筑平面图

(2) 竖向不规则产生的震害

当结构刚度沿竖向分布突然变化时，在强烈地震作用下，结构的薄弱部位(刚度较小的楼层)先屈服，再形成弹塑性变形集中的现象，不能发挥整体的抗震能力。

例如，位于天津塘沽区的天津碱厂 13 层蒸吸塔框架，8～9 层及 12～13 层刚度布置上突然发生变化，在 1976 年唐山大地震中，造成 6 层和 11 层的弹塑性变形集中，导致 6 层以上全部倒塌，如图 4-2 所示。

(3) 防震缝处碰撞产生的震害

防震缝两侧的结构单元各自的振型不同，地震发生时会产生不同形式的振动，当防震缝宽度过小时，两侧结构将相互碰撞造成震害。

如天津某宾馆东侧为 8 层框架结构，高 35.5 m，西侧为 11 层的框架抗震墙结构，高 45.9 m，东、西段结构之间为 15 cm 的防震缝，结构按 7 度进行抗震设防。唐山大地震时，该房屋处于 8 度区，震后主体结构基本完好，但由于防震缝设置宽度不足，两侧墙体、屋面等刚性建筑发生碰撞后遭到破坏，如图 4-3 所示。

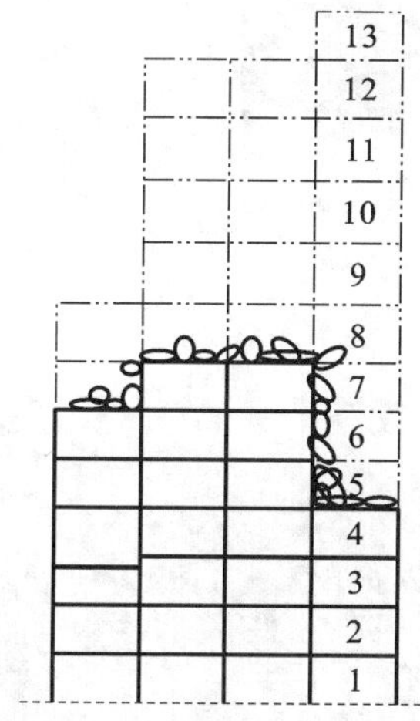

图 4-2　天津碱厂建筑立面简图

图 4-3　天津市某框架结构发生破坏

4.1.2　构件层面的震害

(1) 框架梁的震害

直观上看，在水平地震作用下框架梁端承受弯矩、剪力的共同作用，可能形成梁端弯曲破坏和剪切破坏。但是，在实际震害现象中，由于现浇楼板参与梁端工作，出现梁端严重破坏的现象并不多见。

(2) 框架柱的震害

① 柱端弯剪破坏：表现为柱顶及柱底周围形成水平裂缝、斜裂缝或交叉裂缝，震害严重时混凝土被压碎崩落，柱内箍筋被拉断，纵筋被压曲成灯笼状，如图 4-4 所示。

② 柱身剪切破坏：柱身在往复水平地震剪力的作用下，多出现斜裂缝或交叉裂缝，裂缝宽度较大，箍筋屈服崩断，难以修复，属于脆性破坏，如图 4-5 所示。

③ 角柱弯剪破坏：角柱受到纵横双向弯矩作用和扭转效应的影响，使得所受剪力较大，因其约束较弱，震害往往重于内柱，如图 4-6 所示。

④ 短柱的震害：短柱的线刚度较大，能吸收较大的地震剪力，易发生剪切破坏，形成交叉斜裂缝直至发生脆性断裂，如图 4-7 所示。应该特别指出的是，在框架结构中往往由于房屋错层或设置半高填充墙形成短柱。

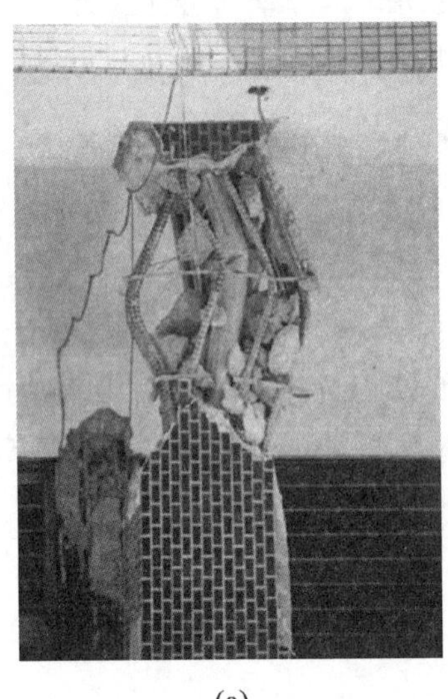

(a)

(b)

图 4-4　柱端破坏图

(a) 柱顶;(b) 柱底

图 4-5　柱身破坏图

图 4-6　角柱破坏图

图 4-7　短柱破坏图

(3) 梁柱节点的震害

节点是连接框架梁和柱的关键部位。框架节点主要承受剪力和压力,在地震的反复作用下,易产生对角方向的斜裂缝或交叉斜裂缝,严重时混凝土被剪碎剥落,柱纵筋被压屈外鼓,如图 4-8 所示。

(4) 填充墙的震害

框架结构的填充墙在开裂前和框架共同工作。由于填充墙的刚度较大,能吸收较多的地震能量,又因其抗剪强度较低,变形能力较差,墙体与框架缺乏有效的拉结,故在往复变形时墙体易发生剪切破坏和散落,如图 4-9 所示。

(5) 抗震墙的震害

抗震墙的主要震害表现为连梁和墙肢的破坏。抗震墙底部破坏多表现为受压区混凝土大片被压碎剥落,纵筋被压屈,如图 4-10(a)所示。连梁是位于上下门窗洞口之间联系墙肢的水平构件,往往高度大、跨度小,可能承受较大的地震剪力,剪切效应明显,在地震反复荷载作用下易形成 X 状剪切裂缝,如图 4-10(b)所示。

图 4-8 梁柱节点破坏

图 4-9 填充墙破坏

(a)

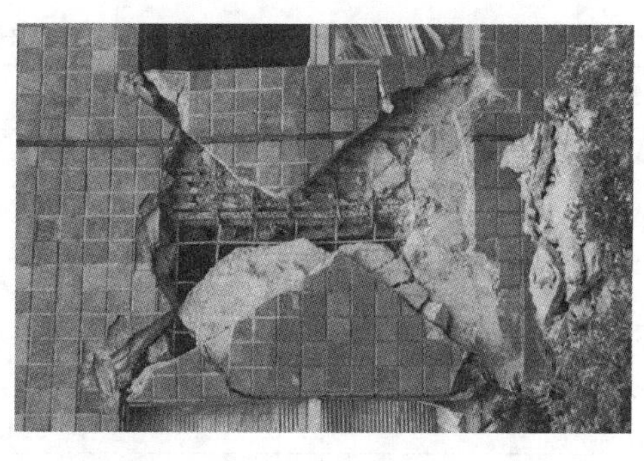

(b)

图 4-10 抗震墙破坏

(a) 抗震墙墙肢破坏;(b) 连梁破坏

4.2 多层和高层钢筋混凝土结构抗震概念设计

4.2.1 结构体系的选择

(1) 多高层建筑结构的主要结构体系

选择合理的结构体系,既要满足建筑的使用功能,又要从结构体系的受力角度体现安全性和经济性的要求。目前,多层和高层钢筋混凝土房屋常用的结构体系主要有:框架结构、抗震墙结构、框架-抗震墙结构、筒体结构、板柱-抗震墙结构。

框架结构是指由梁、柱、基础组成的承重体系和抗侧力结构。梁、柱交接处的框架节点通常为刚接,有时也将部分节点做成铰接或半铰接。柱底一般为固定支座,必要时也可设计成铰支座。框架结构的优点在于自重轻,结构平面布置灵活,并具有一定的延性和耗能能力。其缺点是抗侧刚度较小,地震时水平位移较大,易造成非结构构件的破坏。因此,框架结构适用于高度较小和对侧移控制要求不高的建筑。

抗震墙结构(剪力墙结构)是指由钢筋混凝土墙体承受竖向荷载和水平荷载的结构体系,具有整体性好、抗侧刚度大和抗震性能好等优点。由于该类结构无突出墙面的梁柱,可降低建筑层高度,充分利用空间,因此特别适用于20~30层的多高层居住建筑。抗震墙结构的缺点是纵横交错的抗震墙体限制了建筑物内部平面布置的灵活性,刚度富余过大,造价较高。

框架-抗震墙结构是指由框架和抗震墙相结合而共同工作的结构体系。该类结构兼具框架结构和抗震墙结构的优点，适用于 10～20 层的高层住宅。

筒体结构是指由纵、横双向布置的抗震墙或密布框架柱形成平面的闭合形状，承受水平和竖向荷载的结构体系。筒体结构整体空间刚度较其他常用结构体系更大，因此多用于超高层建筑中。

板柱-抗震墙结构是指由无梁楼板与柱组成的板柱框架和剪力墙共同承受竖向和水平作用的结构体系，目前被广泛应用于地下工程中。

(2) 不同结构体系房屋的最大适用高度和高宽比

相关抗震规范根据现有的理论分析结果和工程实践经验，规定了钢筋混凝土房屋各种结构类型的最大适用高度，见表 4-1。此外，为了保证高层建筑结构的整体刚度和抗倾覆能力，《高层建筑混凝土结构技术规程》(JGJ 3—2010)规定现浇混凝土结构建筑的高宽比均不宜超过表 4-2 中规定的限值。

表 4-1 **现浇钢筋混凝土房屋的最大适用高度** (单位：m)

<table>
<tr><th colspan="2" rowspan="3">结构体系</th><th rowspan="3">非抗震设计</th><th colspan="5">抗震设防烈度</th></tr>
<tr><th rowspan="2">6 度</th><th rowspan="2">7 度</th><th colspan="2">8 度</th><th rowspan="2">9 度</th></tr>
<tr><th>0.2g</th><th>0.3g</th></tr>
<tr><td colspan="2">框架</td><td>70</td><td>60</td><td>50</td><td>40</td><td>35</td><td>24</td></tr>
<tr><td colspan="2">框架-抗震墙</td><td>150</td><td>130</td><td>120</td><td>100</td><td>80</td><td>50</td></tr>
<tr><td rowspan="2">抗震墙</td><td>全部落地抗震墙</td><td>150</td><td>140</td><td>120</td><td>100</td><td>80</td><td>50</td></tr>
<tr><td>部分框支抗震墙</td><td>130</td><td>120</td><td>100</td><td>80</td><td>50</td><td>不应采用</td></tr>
<tr><td rowspan="2">筒体</td><td>框架-核心筒</td><td>160</td><td>150</td><td>130</td><td>100</td><td>90</td><td>70</td></tr>
<tr><td>筒中筒</td><td>200</td><td>150</td><td>150</td><td>120</td><td>100</td><td>80</td></tr>
<tr><td colspan="2">板柱-抗震墙</td><td>110</td><td>80</td><td>70</td><td>55</td><td>40</td><td>不应采用</td></tr>
</table>

注：1. 房屋高度指室外地面到主要屋面板板顶的高度(不考虑局部突出屋顶部分的高度)。
2. 框架-核心筒结构指由周边稀柱框架与核心筒组成的结构。
3. 部分框支抗震墙结构指首层或底部两层由框架和落地剪力墙组成的框支剪力墙结构。
4. 甲类建筑应按本地区的抗震设防烈度提高 1 度确定房屋最大高度，当抗震设防烈度为 9 度时应专门研究；乙、丙类建筑应按本地区的抗震设防烈度确定房屋最大高度。
5. 超过表内高度的房屋结构，应进行专门研究和论证，并采取有效的加强措施。

表 4-2 **现浇钢筋混凝土高层建筑适用的高宽比**

<table>
<tr><th rowspan="2">结构体系</th><th rowspan="2">非抗震设计</th><th colspan="3">抗震设防烈度</th></tr>
<tr><th>6、7 度</th><th>8 度</th><th>9 度</th></tr>
<tr><td>框架</td><td>5</td><td>4</td><td>3</td><td>2</td></tr>
<tr><td>板柱-抗震墙</td><td>6</td><td>5</td><td>4</td><td>—</td></tr>
<tr><td>框架-抗震墙、抗震墙</td><td>7</td><td>6</td><td>5</td><td>4</td></tr>
<tr><td>框架-核心筒</td><td>8</td><td>7</td><td>6</td><td>4</td></tr>
<tr><td>筒中筒</td><td>8</td><td>8</td><td>7</td><td>5</td></tr>
</table>

4.2.2 抗震等级的划分

《建筑抗震设计规范》(GB 50011—2010)根据房屋高度和设防烈度，将钢筋混凝土房屋的抗震等级划分为四级。其中，一级抗震要求最高，四级最低。相同的结构体系，抗震等级不同时，应该采取不同的抗震设计方法和构造措施。

丙类建筑的抗震等级应按照表 4-3 进行划分，甲、乙类建筑的抗震等级应按各自的抗震设防烈度调整后再按照表 4-3 划分。当甲、乙类建筑按规定提高一度确定其抗震等级，而房屋的高度超过表 4-1 中的高度限值时，应经过专门研究采用更有效的抗震措施。

表 4-3　　**钢筋混凝土房屋的抗震等级**

结构类型		抗震设防烈度									
		6 度		7 度			8 度			9 度	
框架结构	高度/m	≤24	>24	≤24	>24		≤24	>24		≤24	
	框架	四	三	三	二		二	一		一	
	大跨度框架	三		二			一			一	
框架-抗震墙结构	高度/m	≤60	>60	≤24	25～60	>60	≤24	25～60	>60	≤24	25～50
	框架	四	三	四	三	二	三	二	一	二	一
	抗震墙	三		三	二		二	一		一	
抗震墙结构	高度/m	≤80	>80	≤24	25～80	>80	≤24	25～80	>80	≤24	25～60
	抗震墙	四	三	四	三	二	三	二	一	二	一
部分框支抗震墙结构	高度/m	≤80	>80	≤24	25～80	>80	≤24	25～80			
	抗震墙 一般部位	四	三	四	三	二	三	二			
	抗震墙 加强部位	三	二	三	二	一	二	一			
	框支层框架	二		二		一	一				
框架-核心筒结构	框架	三		二			一			一	
	核心筒	二		二			一			一	
筒中筒结构	外筒	三		二			一			一	
	内筒	三		二			一			一	
板柱-抗震墙结构	高度/m	≤35	>35	≤35	>35		≤35	>35			
	框架、板柱的柱	三	二	二	二		一				
	抗震墙	二	二	二	一		二	一			

注：1. 建筑场地为Ⅰ类时，除抗震设防烈度为 6 度的情况外，应允许按表内降低一度所对应的抗震等级采取抗震构造措施，但相应的计算要求不应降低；

2. 接近或等于高度分界时，应允许结合房屋不规则程度及场地、地基条件确定抗震等级；

3. 大跨度框架指跨度不小于 18 m 的框架；

4. 高度不超过 60 m 的框架-核心筒结构按框架-抗震墙的要求设计时，应按表中框架-抗震墙结构的规定确定其抗震等级。

4.2.3　结构布置

建筑结构平面布置宜规则，抗侧力体系的结构体系宜均匀、对称，具有良好的整体性能。多层和高层钢筋混凝土建筑结构中，抗侧力结构体系应双向设置，且两个方向的抗侧力刚度不宜相差过大。

(1) 结构平面布置

建筑平面布置宜简单、规则、对称，常采用方形、矩形、圆形、正多边形、十字形、井字形等形状，使刚度中心和质量中心尽量重合或接近，以减小地震水平力作用下的扭转效应。当因使用功能要求和造型要求出现平面布置不规则的情况时，应按表 4-4 判断其类型。

表 4-4　**平面不规则的主要类型**

不规则类型	定义和参考指标
扭转不规则	在规定的水平力作用下，楼层的最大弹性水平位移(或层间位移)大于该楼层两端弹性水平位移(或层间位移)平均值的 1.2 倍
凹凸不规则	结构平面凹进的一侧尺寸，大于相应投影方向总尺寸的 30%
楼板局部不连续	楼板尺寸和平面刚度急剧变化，例如，有效楼板宽度小于该层楼板典型宽度的 50%，或开洞面积大于该层楼面面积的 30%，或有较大的楼层错层

建筑形体及其构件布置不规则时，应按下列要求进行地震作用计算和内力调整，并应对薄弱部位采取有效的抗震构造措施。

平面不规则而竖向规则的建筑，应采用空间结构计算模型，并应符合下列要求：

① 扭转不规则时，应计入扭转影响，且楼层竖向构件最大的弹性水平位移和层间位移分别不宜大于楼层两端弹性水平位移和层间位移平均值的 1.5 倍。当最大层间位移远小于规范限值时，可适当放宽。

② 凹凸不规则或楼板局部不连续时，应采用符合楼板平面内实际刚度变化的计算模型；高烈度或不规则程度较大时，宜计入楼板局部变形的影响。

③ 平面不对称且凹凸不规则或局部不连续时，可根据实际情况分块计算扭转位移比，对扭转较大的部位应采用局部的内力增大系数。

④ 高层建筑宜控制其建筑平面长度及突出部分的外伸长度，以免在远离刚度中心或质量中心的局部构件中产生过大的扭转效应，或因为较强的局部振动导致附加震害的产生。

⑤ 当建筑平面长度过大或突出部分外伸长度过大时，可以通过设置防震缝将结构平面划分为几个较为规则的部分。防震缝应根据抗震设防烈度、结构材料种类、结构类型、结构单元的高度和高差，以及可能产生的地震扭转效应情况，留有足够的宽度，其两侧的上部结构应完全分开。

需要特别注意的是，钢筋混凝土房屋需要设置防震缝时，防震缝宽度应符合下列规定：

a. 框架结构(包括设置少量抗震墙的框架结构)房屋的防震缝宽度，当高度不超过 15 m 时不应小于 100 mm；当高度超过 15 m，抗震设防烈度为 6 度、7 度、8 度和 9 度时，分别每增加高度 5 m、4 m、3 m 和 2 m，宜加宽 20 mm。

b. 框架-抗震墙结构房屋的防震缝宽度不应小于 a 项规定数值的 70%，抗震墙结构房屋的防震缝宽度不应小于 a 项规定数值的 50%，且均不宜小于 100 mm。

c. 防震缝两侧结构类型不同时，宜按需要较宽防震缝的结构类型和较低房屋高度确定缝宽。

(2) 结构竖向布置

建筑物立面和竖向剖面宜规则，抗侧刚度宜均匀变化，竖向构件尺寸及材料强度宜自上而下逐渐减小，避免刚度和承载力的突变。《建筑抗震设计规范》(GB 50011—2010)规定了竖向不规则的各种类型，详见表 4-5。

表 4-5 **竖向不规则的主要类型**

不规则类型	定义和参数指标
侧向刚度不规则	该层的侧向刚度小于相邻上一层的70%，或小于其上相邻三个楼层侧向刚度平均值的80%；除顶层或出屋面小建筑外，局部收进的水平向尺寸大于相邻下一层的25%
竖向抗侧力构件不连续	竖向抗侧力构件(柱、抗震墙、抗震支撑)的内力由水平转换构件(梁、桁架等)向下传递
楼层承载力突变	抗侧力结构的层间受剪承载力小于相邻上一楼层的80%

平面规则而竖向不规则的建筑，应采用空间结构计算模型，刚度小的楼层的地震剪力应乘以不小于1.15的增大系数，其薄弱层应按《建筑抗震设计规范》(GB 50011—2010)的有关规定进行弹塑性变形分析，并应符合下列要求：

① 竖向抗侧力构件不连续时，该构件传递给水平转换构件的地震内力应根据烈度高低和水平转换构件的类型、受力情况、几何尺寸等，乘以1.25～2.0的增大系数；

② 侧向刚度不规则时，相邻层的侧向刚度比应依据其结构类型符合该规范的规定；

③ 楼层承载力突变时，薄弱层抗侧力结构的受剪承载力不应小于相邻上一楼层的65%。

平面不规则且竖向不规则的建筑，应根据不规则类型的数量和程度，有针对性地采取不低于平面不规则而竖向规则和平面规则而竖向不规则两种情况的各项抗震措施。对于特别不规则的建筑，应经专门研究，采取更有效的加强措施或对薄弱部位采用相应的抗震性能优化设计方法。

4.3 框架结构的抗震设计

4.3.1 框架结构抗震概念设计

(1) 框架梁柱的布置

框架结构的柱网布置既要满足生产工艺和建筑平面的要求，又要使结构受力合理，施工方便。柱网布置应纵横贯通、对称、柱间距一致。梁柱沿房屋高度方向宜保持一致，不宜抽柱或抽梁，使传力路径突变。柱子截面变化时，不宜设置于同一楼层。在同一结构单元中，应尽量避免错层出现短柱。

为保证结构具有可靠的抗侧力体系，防止出现过大的偏心弯矩和柱子的扭转，框架梁、柱轴线宜设置在同一平面内，不宜设置于柱的一侧。

(2) 抗震延性框架设计

确保框架结构具有良好的抗震延性性能的设计原则主要包括：强柱弱梁，强剪弱弯，强节点、强锚固。

① “强柱弱梁”是指当框架柱端的抗弯承载能力大于梁端的抗弯承载能力时，在地震作用下，各层框架梁端首先屈服而出现塑性铰，此时结构可以承受较大的变形，吸收较大的地震能量，直至在底层框架柱根处出现塑性铰，如图4-11所示。

② “强剪弱弯”是指结构构件的受剪承载能力要大于其截面弯曲屈服时达到的剪力，防止构件在弯曲屈服前出现脆性剪切破坏，梁柱的斜截面抗震设计要符合“强剪弱弯”的原则。

③ “强节点、强锚固”是指结构构件塑性铰充分发挥作用之前，节点不出现破坏。

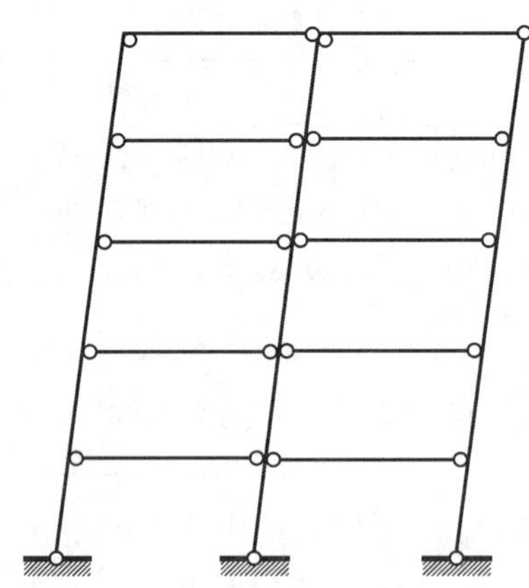

图 4-11　框架的“强柱弱梁”型破坏机制

4.3.2　框架结构抗震计算及验算

(1) 水平、竖向地震作用下的内力计算

多层多跨框架在水平地震作用下的内力计算通常采用反弯点法或 D 值法；竖向荷载作用下的框架内力，可以采用分层法或弯矩二次分配法进行近似计算。应该特别说明的是，上述方法在结构力学课程中有详细的介绍，此处不再赘述。

(2) 内力调整

① 根据“强柱弱梁”原则的调整。

一、二、三、四级框架的梁柱节点处，除框架顶层和柱轴压比小于 0.15 者及框支梁与框支柱的节点外，柱端组合的弯矩设计值应符合下式要求：

$$\sum M_c = \eta_c \sum M_b \tag{4-1}$$

一级框架结构和抗震设防烈度为 9 度的一级框架可不符合上式要求，但应符合下式要求：

$$\sum M_c = 1.2 \sum M_{bua} \tag{4-2}$$

式中　$\sum M_c$ ——节点上下柱端截面顺时针或逆时针方向组合的弯矩设计值之和，上下柱端的弯矩设计值可按弹性组合弯矩比例分配。

$\sum M_b$ ——节点左右梁端截面逆时针或顺时针方向组合的弯矩设计值之和，一级框架节点左右梁端均为负弯矩时，绝对值较小的弯矩应取 0。

$\sum M_{bua}$ ——节点左右梁端截面逆时针或顺时针方向，根据实配钢筋面积和材料强度标准值计算的正截面抗震受弯承载力所对应的弯矩值之和。

η_c——框架柱端弯矩增大系数，对框架结构，一、二、三、四级可分别取 1.7、1.5、1.3、1.2；对其他结构类型中的框架，一级可取 1.4，二级可取 1.2，三、四级可取 1.1。

当反弯点不在柱的层高范围内时，柱端截面组合的弯矩设计值可乘以上述柱端弯矩增大系数。

抗震设计时，框架角柱应按双向偏心受力构件进行正截面承载力设计。一、二、三、四级框架结构的角柱，调整后的组合弯矩设计值、剪力设计值应乘以不小于 1.1 的增大系数，并应满足规范的其他相应要求。

对于一、二、三、四级框架结构的底层，柱下端截面组合的弯矩设计值应分别乘以增大系数1.7、

1.5、1.3 和 1.2。底层柱纵向钢筋应按上下端的不利情况配置。应该特别注意的是，此处底层是指无地下室的基础或地下室以上的首层。

② 根据“强剪弱弯”原则的调整。

对同一杆件，通过乘以杆端剪力增大系数的方法，使地震作用组合下杆端剪力的设计值大于杆端弯矩设计值（或实际的抗弯承载力）叠加杆间荷载以简支梁模型计算出的剪力值。应该特别注意的是，框架梁和框架柱的“强剪弱弯”调整方法是不相同的。

一、二、三级框架梁和抗震墙中的连梁，其梁端截面组合的剪力设计值应符合下式要求：

$$V_b = \frac{\eta_{vb}(M_b^l + M_b^r)}{l_n} + V_{Gb} \tag{4-3}$$

一级框架结构及抗震设防烈度为 9 度的一级框架梁、连梁可不按式（4-3）调整，但应符合下式要求：

$$V_b = \frac{1.1(M_{bua}^l + M_{bua}^r)}{l_n} + V_{Gb} \tag{4-4}$$

式中 V_b——梁端截面组合的剪力设计值；

l_n——梁的净跨；

M_b^l，M_b^r——梁左、右两端顺时针或逆时针方向组合的弯矩设计值，一级框架两端弯矩均为负弯矩时，绝对值较小的弯矩取为 0；

M_{bua}^l，M_{bua}^r——梁左、右两端顺时针或逆时针方向，根据实配的钢筋面积和材料强度标准值计算得到的正截面抗震受弯承载力所对应的弯矩值；

V_{Gb}——按简支梁分析，梁在重力荷载代表值作用下梁端截面的剪力设计值。

η_{vb}——梁端剪力增大系数，一级取 1.3，二级取 1.2，三级取 1.1。

对于框架柱的“强剪弱弯”的调整，一、二、三、四级框架柱和框支柱杆端截面组合的剪力设计值应符合下式要求：

$$V_c = \frac{\eta_{vc}(M_c^t + M_c^b)}{H_n} \tag{4-5}$$

一级框架结构及抗震设防烈度为 9 度的一级框架可不按上式调整，但应符合下式要求：

$$V_c = \frac{1.2(M_{cua}^t + M_{cua}^b)}{H_n} \tag{4-6}$$

式中 V_c——柱端截面组合的剪力设计值；

H_n——柱的净高；

M_c^t，M_c^b——柱上、下两端顺时针或逆时针方向截面组合的弯矩设计值，此弯矩应为已经进行了“强柱弱梁”调整之后的弯矩；

M_{cua}^t，M_{cua}^b——柱上、下两端顺时针或逆时针方向，根据实配的钢筋面积、材料强度标准值和轴压力等计算得到的正截面抗震受弯承载力所对应的弯矩值；

η_{vc}——柱端剪力增大系数，对框架结构，一、二、三、四级可分别取 1.5、1.3、1.2、1.1，对其他结构类型中的框架，一级取 1.4，二级取 1.2，三、四级取 1.1。

③ 根据“强节点、强锚固”原则的调整。

对同一框架节点，节点核芯区剪力设计值应大于节点两侧梁端设计弯矩（或实际的抗弯承载力）反算出的剪力值。《建筑抗震设计规范》（GB 50011—2010）中规定，框架梁柱节点核芯区抗剪验算要求如下：一、二、三级抗震等级的框架应进行节点核芯区抗震受剪承载力调整，四级框架可不进行调整，但应符合抗震构造措施的要求。

一、二、三级框架节点核芯区的组合剪力设计值应符合下式要求：

$$V_j = \frac{\eta_{jb} \sum M_b}{h_{b0} - a'_s}\left(1 - \frac{h_{b0} - a'_s}{H_c - h_{b0}}\right) \tag{4-7}$$

一级框架抗震结构及抗震设防烈度为9度的一级框架可不符合式(4-7)的规定，但应符合下式要求：

$$V_j = \frac{1.15 \sum M_{bua}}{h_{b0} - a'_s}\left(1 - \frac{h_{b0} - a'_s}{H_c - h_{b0}}\right) \tag{4-8}$$

式中 V_j——梁柱节点核芯区组合的剪力设计值；

h_{b0}，h_b——与节点相连的梁截面有效高度和截面高度，当节点两侧梁截面高度不一致时，取平均值。

H_c——柱的计算高度，可取节点上柱和下柱反弯点之间的距离；

$\sum M_b$——节点左、右梁端截面顺时针或逆时针方向组合弯矩设计值之和，一级框架节点左、右梁端均为负弯矩时，绝对值较小的弯矩应取为0；

$\sum M_{bua}$——节点左、右梁端截面顺时针或逆时针方向，根据实配钢筋面积和材料强度标准值计算的正截面抗震受弯承载力所对应的弯矩值之和；

η_{jb}——强节点系数，对框架结构，一、二、三级可分别取1.5、1.35、1.2，对其他结构类型中的框架，一、二、三级可分别取1.35、1.2、1.1。

(3) 框架梁截面承载力验算

① 框架梁正截面承载力验算。

抗震框架梁的正截面受弯承载力计算公式与普通受弯构件一致，但需要强调的是，为保证塑性铰有较好的转动能力，《建筑抗震设计规范》(GB 50011—2010)规定受压区的高度应满足下式要求：

$$x \leqslant 0.25h_0 \quad (一级) \tag{4-9}$$

$$x \leqslant 0.35h_0 \quad (二、三级) \tag{4-10}$$

② 框架梁斜截面承载力验算。

a. 剪压比限值验算。剪压比是指平均剪应力与混凝土抗压强度设计值之比，剪压比越大，梁的延性越差。为保证框架梁的延性需求，《建筑抗震设计规范》(GB 50011—2010)规定，考虑地震作用组合的框架梁，其剪力设计值 V 应按不同的跨高比计算。

跨高比大于2.5时：

$$V \leqslant \frac{1}{\gamma_{RE}} \times 0.20 f_c b h_0 \tag{4-11}$$

跨高比不大于2.5时：

$$V \leqslant \frac{1}{\gamma_{RE}} \times 0.15 f_c b h_0 \tag{4-12}$$

式中 γ_{RE}——承载力抗震调整系数；

f_c——混凝土轴心抗压强度设计值；

b——梁截面宽度；

h_0——梁截面有效高度。

b. 斜截面承载力验算。在反复的地震作用下，梁端形成交叉剪切裂缝，混凝土所能承担的极限抗剪能力降低。考虑这种效应，框架梁斜截面受剪承载力计算公式为：

一般框架梁

$$V_u \leqslant \frac{1}{\gamma_{RE}}\left(0.42 f_t b h_0 + 1.25 f_{yv}\frac{A_{sv}}{s}h_0\right) \tag{4-13}$$

以集中荷载为主的框架梁

$$V_u \leqslant \frac{1}{\gamma_{RE}}\left(\frac{1.05}{\lambda+1} f_t b h_0 + f_{yv}\frac{A_{sv}}{s}h_0\right) \tag{4-14}$$

式中 λ——计算截面的剪跨比；

f_t——混凝土轴心抗拉强度设计值。

(4) 框架柱截面承载力验算

① 框架柱正截面承载力验算。

a. 柱的轴压比限值验算。抗震试验研究表明，轴压比较大时，柱的延性较差，在地震作用下柱的破坏呈脆性破坏；轴压比较小时，柱的延性较好，在地震作用下柱的破坏呈延性破坏。据此，《建筑抗震设计规范》(GB 50011—2010)规定了柱轴压比的上限值，见表4-6。

表4-6 **柱轴压比上限值**

结构类型	抗震等级			
	一级	二级	三级	四级
框架结构	0.65	0.75	0.85	0.90
板柱-抗震墙、框架-抗震墙、框架-核心筒、筒中筒结构	0.75	0.85	0.90	0.95
部分框支抗震墙结构	0.60	0.70	—	—

注：1. 表内数值适用于混凝土强度等级不高于C60的柱。当混凝土强度等级为C65～C70时，轴压比限值应比表中数值降低0.05；当混凝土强度等级为C75～C80时，轴压比限值应比表中数值降低0.10。

2. 表内数值适用于剪跨比大于2的柱。剪跨比不大于2但不小于1.5的柱，其轴压比限值应比表中数值减小0.05；剪跨比小于1.5的柱，其轴压比限值应专门研究并采取特殊构造措施。

3. 当沿柱全高采用井字复合箍，箍筋间距不大于100 mm、肢距不大于200 mm、直径不小于12 mm，或当沿柱全高采用复合螺旋箍，箍筋螺距不大于100 mm、肢距不大于200 mm、直径不小于12 mm，或当沿柱全高采用连续复合矩形螺旋箍，且螺距不大于80 mm、肢距不大于200 mm、直径不小于10 mm时，轴压比限值可增加0.10。

4. 当柱截面中部设置由附加纵向钢筋形成的芯柱，且附加纵向钢筋的截面面积不小于柱截面面积的0.8%时，柱轴压比限值可增加0.05。当本项措施与注3的措施共同采用时，柱轴压比限值可比表中数值增加0.15，但箍筋的配箍特征值仍可按轴压比增加0.10的要求确定。

5. 柱轴压比不应大于1.05。

b. 框架柱正截面承载力验算。框架柱一般为压弯构件或拉弯构件，承载力设计时需考虑抗震承载力调整系数γ_{RE}。对大偏心受压柱，其正截面抗震承载力计算公式为：

$$N = \alpha_1 f_c b x + f'_y A'_s - f_y A_s \tag{4-15}$$

$$N_e \leqslant \frac{1}{\gamma_{RE}}\left[\alpha_1 f_c b x\left(h_0 - \frac{x}{2}\right) + f'_y A'_s (h_0 - a')\right] \tag{4-16}$$

② 框架柱斜截面承载力验算。

a. 剪跨比限值验算。当框架柱的剪跨比λ大于2时，应按照式(4-11)进行验算；当框架柱的剪跨比λ不大于2时，应按照式(4-12)进行验算。

b. 框架柱斜截面承载力验算。框架柱在反复地震荷载作用下，混凝土抗剪强度有所降低。考虑这种影响，对于矩形截面偏心受压柱，斜截面抗剪承载力应按照下式进行验算：

$$V \leqslant \frac{1}{\gamma_{RE}}\left(\frac{1.05}{\lambda+1} f_t b h_0 + f_{yv}\frac{A_{sv}}{s}h_0 + 0.056N\right) \tag{4-17}$$

式中 N——与剪力设计值 V 对应的轴力设计值。当 $N>0.3f_cA$ 时，取 $N=0.3f_cA$。

λ——框架柱的剪跨比。当 $\lambda<1$ 时，取 $\lambda=1$；当 $\lambda>3$ 时，取 $\lambda=3$。

当矩形截面框架柱出现拉力时，其斜截面抗震受剪承载力验算公式为：

$$V\leqslant\frac{1}{\gamma_{RE}}\left(\frac{1.05}{\lambda+1}f_tbh_0+f_{yv}\frac{A_{sv}}{s}h_0-0.2N\right) \tag{4-18}$$

应该特别指出的是，式(4-18)右端括号内的计算值小于 $f_{yv}\frac{A_{sv}}{s}h_0$ 时，取 $f_{yv}\frac{A_{sv}}{s}h_0$，且 $f_{yv}\frac{A_{sv}}{s}h_0$ 不应小于 $0.36f_tbh_0$。

4.3.3 框架结构薄弱层弹塑性变形验算

(1) 多遇地震作用下弹性层间位移验算

多遇地震作用下，框架结构薄弱层的弹性层间位移 Δu_e 应按照下列公式验算：

$$\Delta u_e\leqslant[\theta_e]h \tag{4-19}$$

式中 h——层高；

$[\theta_e]$——弹性层间位移角限值，框架结构取 1/550。

(2) 罕遇地震作用下弹塑性层间位移验算

罕遇地震作用下，框架结构薄弱层的弹塑性层间位移 Δu_p 应按照下式验算：

$$\Delta u_p\leqslant[\theta_p]h \tag{4-20}$$

式中 $[\theta_p]$——弹塑性层间位移角限值，框架结构取 1/50。

对于不超过 12 层且刚度无突变的钢筋混凝土框架结构，可采用简化方法验算框架薄弱层的弹塑性变形，即

$$\Delta u_p=\eta_p\Delta u_e \tag{4-21}$$

式中 Δu_e——罕遇地震作用下，框架结构薄弱层的弹性层间位移；

η_p——弹塑性层间位移增大系数。

4.3.4 框架结构的抗震构造措施

钢筋混凝土框架结构的抗震设计在满足概念设计和抗震验算的基础上，还应采取适当的抗震构造措施，以提高结构各构件的延性和耗能能力。

(1) 框架梁的抗震构造措施

① 框架梁的截面尺寸要求：截面宽度不宜小于 200 mm，截面高宽比不宜大于 4，净跨与截面高度之比不宜小于 4。

② 框架梁的纵向钢筋配置应符合下列各项要求：

a. 梁端纵向受拉钢筋的配筋率不应大于 2.5%。

b. 梁端截面的底面和顶面纵向钢筋配筋量的比值，除应按计算确定外，还需满足一级框架梁不应小于 0.5，二、三级框架梁不应小于 0.3。

c. 沿梁全长顶面和底面应各配置两根贯通的纵向钢筋，对一、二级框架梁，钢筋直径不应小于 14 mm，且分别不应小于梁两端顶面和底面纵向受力钢筋中较大截面面积的 1/4；对三、四级框架梁，钢筋直径不应小于 12 mm。

d. 一、二、三级框架梁内贯通中柱的每根纵向钢筋直径，对矩形截面柱，不宜大于柱在该方向截面尺寸的 1/20；对圆形截面柱，不宜大于纵向钢筋所在位置柱截面弦长的 1/20。

e. 纵向受拉钢筋的配筋率还应满足表 4-7 的要求。

表 4-7 **抗震框架梁纵向受拉钢筋的最小配筋率**

抗震等级	梁中位置	
	支座	跨中
一级	0.40 和 $80f_t/f_y$ 中的较大值	0.30 和 $65f_t/f_y$ 中的较大值
二级	0.30 和 $65f_t/f_y$ 中的较大值	0.25 和 $55f_t/f_y$ 中的较大值
三、四级	0.25 和 $55f_t/f_y$ 中的较大值	0.20 和 $45f_t/f_y$ 中的较大值

③ 框架梁的箍筋配置应符合下列各项要求：

a. 箍筋应为封闭式，末端设置 135°弯钩，弯钩端头直段长度不应小于 10 倍的箍筋直径和 75 mm 中的较大值。

b. 梁端加密区的箍筋肢距，一级框架梁不宜大于 200 mm 和 20 倍箍筋直径中的较大值，二、三级框架梁不宜大于 250 mm 和 20 倍箍筋直径中的较大值，四级框架梁不宜大于 300 mm。

c. 在纵向钢筋搭接长度范围内的箍筋间距，钢筋受拉时不应大于较小直径搭接钢筋直径的 5 倍，且不应大于 100 mm；钢筋受压时不应大于较小直径搭接钢筋直径的 10 倍，且不应大于 200 mm。

d. 梁端箍筋加密区的长度、箍筋最大间距和最小直径应满足表 4-8 的要求，当梁端纵向受拉钢筋配筋率大于 2%时，表中箍筋最小直径数值应增大 2 mm。

e. 框架梁非加密区箍筋最大间距不宜大于加密区箍筋间距的 2 倍。

表 4-8 **抗震框架梁端箍筋加密区构造**

抗震等级	加密区长度/mm	箍筋最大间距/mm	箍筋最小直径/mm
一级	$2h_b$ 和 500 中的较大值	纵向钢筋直径(d)的 6 倍、梁高(h_b)的 1/4 和 100 中的最小值	10
二级	$1.5h_b$ 和 500 中的较大值	纵向钢筋直径(d)的 8 倍、梁高(h_b)的 1/4 和 100 中的最小值	8
三级		纵向钢筋直径(d)的 8 倍、梁高(h_b)的 1/4 和 150 中的最小值	8
四级		纵向钢筋直径(d)的 8 倍、梁高(h_b)的 1/4 和 150 中的最小值	6

注：1. d 为纵向钢筋直径，h_b 为梁截面高度。

2. 箍筋直径大于 12 mm、数量不少于 4 肢且肢距不大于 150 mm 时，一、二级的最大间距允许适当放宽，但不得大于 150 mm。

(2) 框架柱的抗震构造措施

① 框架柱的截面尺寸要求：柱截面宽度和高度，四级或不超过 2 层时不宜小于 300 mm，圆柱直径不宜小于 350 mm；一、二、三级且超过 2 层时截面宽度和高度不宜小于 400 mm，圆柱直径不宜小于 450 mm。

② 框架柱的纵向钢筋配置应符合下列各项要求：

a. 柱的纵向钢筋宜对称布置，且最小总配筋率不得小于表 4-9 中的数值，单侧配筋率不得小于 0.2%，对于建造在Ⅳ类场地且较高的高层建筑，表 4-9 中数值应增加 0.1；柱总纵向配筋率不应大于 5%。

b. 截面尺寸大于 400 mm 的框架柱，纵筋间距不大于 200 mm；一级且剪跨比不大于 2 的框架柱，每侧纵筋配筋率不宜大于 1.2%；边柱、角柱及抗震墙边柱考虑地震作用组合产生拉力时，柱内纵筋总截面面积计算值增加25%。

表4-9　　柱纵向钢筋的最小总配筋率

类型	抗震等级			
	一级	二级	三级	四级
中柱和边柱/%	1.0	0.8	0.7	0.6
角柱、框支柱/%	1.2	1.0	0.9	0.8

注:采用HRB400热轧钢筋时应允许减小0.1,混凝土强度等级高于C60时应增加0.1。

③ 框架柱的箍筋配置应符合下列各项要求:

a. 一般情况下,柱箍筋的加密区范围及最大间距和最小直径要求详见表4-10。

表4-10　　柱箍筋最大间距和最小直径

抗震等级	箍筋最大间距(采用较小值)/mm	箍筋最小直径/mm
一级	$6d$,100	10
二级	$8d$,100	8
三级	$8d$,150(柱根100)	8
四级	$8d$,150(柱根100)	6(柱根8)

注:1. 一级框架柱箍筋直径大于12 mm且箍筋肢距不大于150 mm及二级框架柱箍筋直径不小于10 mm且箍筋肢距不大于200 mm时,除底层柱下端外,最大间距可采用150 mm;三级框架柱截面尺寸不大于400 mm时,箍筋最小直径可采用6 mm;四级框架柱剪跨比不大于2时,箍筋直径不宜小于8 mm;框支柱和剪跨比不大于2的框架柱,箍筋间距不应大于100 mm。

2. 一般情况下,柱端加密区长度取截面高度(或圆柱直径)、柱净高的1/6和500 mm三者中的最大者。应该特别指出的是,以下情况下箍筋加密区范围取全高:底层柱下端高度小于柱净高的1/3,刚性地面上下各500 mm,剪跨比不大于2的柱、因填充墙等形成柱净高与柱截面高度之比不大于4的柱、框支柱、一级和二级的框架角柱。

b. 柱加密区箍筋肢距要求:一级框架柱不宜大于200 mm,二、三级框架柱不宜大于250 mm,四级框架柱不宜大于300 mm。

c. 柱箍筋加密区的体积配筋率应符合下式要求:

$$\rho_v \geqslant \lambda_v \frac{f_c}{f_{yv}} \tag{4-22}$$

式中　ρ_v——柱箍筋加密区体积配筋率,一、二、三、四级框架柱分别不应小于0.8%、0.6%、0.4%、0.4%;

λ_v——最小配箍特征值,按表4-11采用;

f_c——混凝土轴心抗压强度设计值,混凝土强度等级低于C35时,应按C35计算;

f_{yv}——箍筋抗拉强度设计值,当$f_{yv}>360\ \text{N/mm}^2$时,取$f_{yv}=360\ \text{N/mm}^2$。

表4-11　　柱箍筋加密区的箍筋最小配箍特征值

抗震等级	箍筋形式	柱轴压比								
		≤0.3	0.4	0.5	0.6	0.7	0.8	0.9	1.0	1.05
一级	普通箍、复合箍	0.1	0.11	0.13	0.15	0.17	0.20	0.23	—	—
	螺旋箍、复合或连续复合矩形螺旋箍	0.08	0.09	0.11	0.13	0.15	0.18	0.21	—	—

续表

抗震等级	箍筋形式	柱轴压比								
		≤0.3	0.4	0.5	0.6	0.7	0.8	0.9	1.0	1.05
二级	普通箍、复合箍	0.08	0.09	0.11	0.13	0.15	0.17	0.19	0.22	0.24
	螺旋箍、复合或连续复合矩形螺旋箍	0.06	0.07	0.09	0.11	0.13	0.15	0.17	0.20	0.22
三级	普通箍、复合箍	0.06	0.07	0.09	0.11	0.13	0.15	0.17	0.20	0.22
	螺旋箍、复合或连续复合矩形螺旋箍	0.05	0.06	0.07	0.09	0.11	0.13	0.15	0.18	0.20

注:1. 普通箍指单个矩形箍筋或单个圆形箍筋;螺旋箍指单个螺旋箍筋;复合箍指由矩形、多边形、圆形箍筋或拉筋组成的箍筋;连续复合矩形螺旋箍指全部螺旋箍为同一根钢筋加工成的箍筋;

2. 计算复合螺旋箍的体积配筋率时,其中非螺旋箍筋的体积应乘以换算系数 0.8;

3. 当混凝土强度等级高于 C60 时,箍筋宜采用复合箍、复合螺旋箍或连续复合矩形螺旋箍;当柱轴压比不大于 0.6 时,其加密区的最小配箍特征值宜按表中数值增加 0.02;当柱轴压比大于 0.6 时,宜按表中数值增加 0.03。

d. 柱箍筋非加密区的箍筋配置要求:体积配筋率不宜小于加密区的 50%;对于箍筋间距,一、二级框架柱不应大于 $10d$,三、四级框架柱不宜大于 $15d$,d 为纵向钢筋直径。

(3) 框架节点的抗震构造措施

框架节点核芯区箍筋的最大间距和最小直径同柱箍筋加密区的要求;一、二、三级框架节点核芯区配筋特征值分别不宜小于 0.12、0.10、0.08,且体积配筋率分别不宜小于 0.6%、0.5%、0.4%。柱剪跨比不大于 2 的框架节点核芯区,体积配筋率不宜小于核芯区上、下柱端体积配筋率中的较大体积配筋率。

4.4　框架结构抗震设计实例

【例 4-1】 工程概况:某教学楼为五层现浇钢筋混凝土框架结构,各层的重力荷载代表值如图 4-12 所示。框架梁截面尺寸为 250 mm×600 mm,框架柱截面尺寸为 500 mm×500 mm,梁、柱

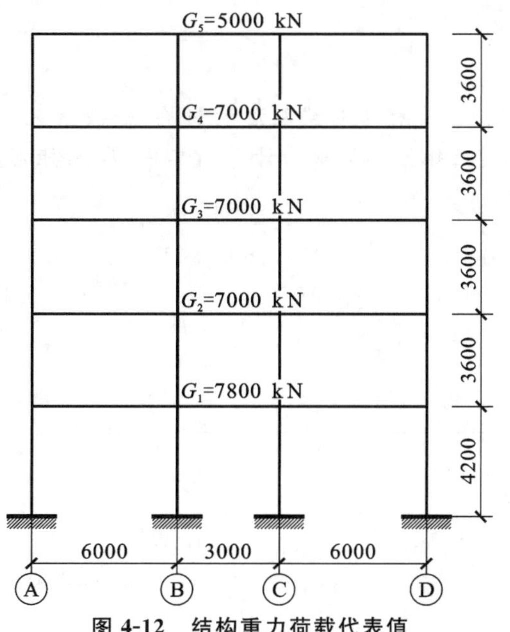

图 4-12　结构重力荷载代表值

混凝土强度等级均为C30。纵向钢筋采用HRB400热轧钢筋，箍筋用HPB300热轧钢筋，柱网布置简图如图4-13所示。其抗震设防烈度为8度，设计基本地震加速度值为0.20g，所在场地为Ⅱ类场地，设计地震分组为第1组。框架楼面和屋面荷载见表4-12。

设计任务：试进行第④轴线处框架的抗震设计。

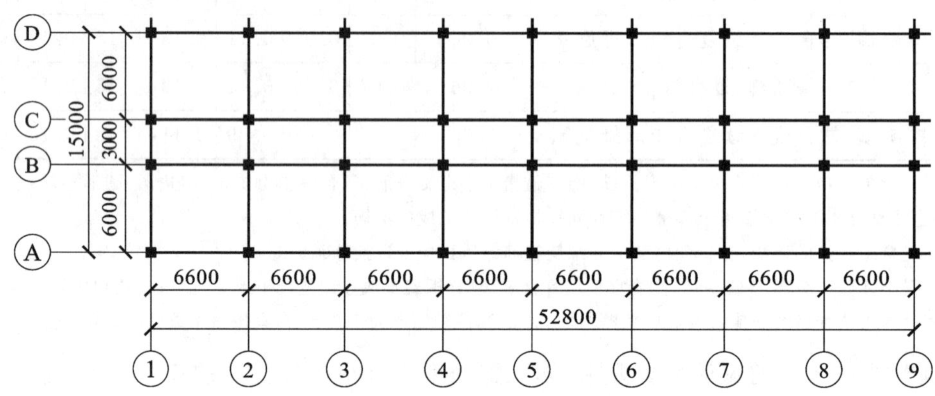

图4-13 柱网布置简图

表4-12 框架楼面和屋面荷载 （单位：kN/m²）

荷载性质	荷载类别	屋面荷载	楼面荷载	
			教室	走廊
活荷载	楼面活荷载	0.5	2.0	2.5
	雪荷载	0.5	—	—
恒荷载	楼面材料	2.5	1.0	1.0
	现浇板	3.1	3.1	3.1
	板底粉刷	0.5	0.5	0.5

【解】 (1) 构件刚度计算

① 计算梁、柱线刚度。

计算梁的线刚度时，需考虑现浇楼板对梁刚度的影响：一般情况下，边跨梁惯性矩取$1.5I_0$，中跨梁惯性矩取$2I_0$；柱的截面惯性矩按实际截面计算。其中，I_0为矩形截面梁的惯性矩。

边跨梁(Ⓐ～Ⓑ和Ⓒ～Ⓓ)：

$$i_b=\frac{E_b I_b}{l}=\frac{3.00\times10^4\times\frac{1}{12}\times250\times600^3\times1.5}{6000}=3.375\times10^{10}(\mathrm{N\cdot mm})$$

中跨梁(Ⓑ～Ⓒ)：

$$i_b=\frac{E_b I_b}{l}=\frac{3.00\times10^4\times\frac{1}{12}\times250\times600^3\times2}{3000}=9\times10^{10}(\mathrm{N\cdot mm})$$

底层柱：

$$i_c=\frac{E_c I_c}{h}=\frac{3.00\times10^4\times\frac{1}{12}\times500\times500^3}{4200}=3.72\times10^{10}(\mathrm{N\cdot mm})$$

其他层柱：

$$i_c=\frac{E_cI_c}{h}=\frac{3.00\times10^4\times\frac{1}{12}\times500\times500^3}{3600}=4.34\times10^{10}(\mathrm{N\cdot mm})$$

② 计算各层总侧移刚度。

底层与标准层(2～5 层)各柱 D 值的计算过程见表 4-13、表 4-14。层间总侧移刚度为该层各柱侧移刚度之和。

表 4-13　**底层柱 D 值的计算**

参数计算 / 柱类型	$\overline{K}=\frac{\sum i_b}{i_c}$	$a=\frac{0.5+\overline{K}}{2+\overline{K}}$	$D=a\frac{12i_c}{h^2}/(\mathrm{kN/m})$
边柱	$\frac{3.375}{3.72}=0.907$	$\frac{0.5+0.907}{2+0.907}=0.484$	$0.484\times\frac{12\times3.72\times10^{10}}{4200^2}=12248$
中柱	$\frac{3.375+9}{3.72}=3.327$	$\frac{0.5+3.327}{2+3.327}=0.718$	$0.718\times\frac{12\times3.72\times10^{10}}{4200^2}=18170$

底层总侧移刚度为：

$$\sum D=(12248+18170)\times18=547524(\mathrm{kN/m})$$

表 4-14　**2～5 层柱 D 值的计算**

参数计算 / 柱类型	$\overline{K}=\frac{\sum i_b}{i_c}$	$a=\frac{\overline{K}}{2+\overline{K}}$	$D=a\frac{12i_c}{h^2}/(\mathrm{kN/m})$
边柱	$\frac{2\times3.375}{2\times4.34}=0.778$	$\frac{0.778}{2+0.778}=0.280$	$0.280\times\frac{12\times4.34\times10^{10}}{3600^2}=11252$
中柱	$\frac{2\times(3.375+9)}{2\times4.34}=2.851$	$\frac{2.851}{2+2.851}=0.588$	$0.588\times\frac{12\times4.34\times10^{10}}{3600^2}=23629$

2～5 层各层总层间侧移刚度相等，数值为：

$$\sum D=(11252+23629)\times18=627858(\mathrm{kN/m})$$

(2) 水平地震作用计算及位移验算

① 计算框架结构自振周期。

采用顶点位移法计算结构自振周期，并考虑填充墙对结构自振周期的影响(周期调整系数 α_0 取 0.7)。将各楼层处的重力荷载代表值水平作用于各楼层，并求出层间剪力 V_i 和层间位移 Δ_i。其具体计算过程见表 4-15。

表 4-15　**横向框架采用顶点位移法计算**

层数	G_i/kN	$V_i=\sum_{j=i}^{n}G_j$/kN	D_i/(kN/m)	$\Delta_i=\frac{V_i}{D_i}/\mathrm{m}$
5	5000	5000	627858	0.008
4	7000	12000	627858	0.019
3	7000	19000	627858	0.030
2	7000	26000	627858	0.041
1	7800	33800	547524	0.062

由各层层间位移之和即可求出框架结构的顶点位移，即 $\Delta=\sum_{i=1}^{n}\Delta_i=0.16\ \text{m}$。

于是，结构自振周期 $T_1=1.7\alpha_0\sqrt{\Delta}=1.7\times0.7\times\sqrt{0.16}=0.476(\text{s})$。

② 计算水平地震作用。

由于该结构总高度为 18.6 m，且质量和刚度沿高度方向分布均匀，因此可采用底部剪力法计算多遇水平地震作用。

按抗震设防烈度为 8 度，设计基本地震加速度值为 0.20g，场地为Ⅱ类场地，设计地震分组为第 1 组，查表 2-1、表 2-2 可知：$T_g=0.35$ s，$\alpha_{\max}=0.16$。混凝土结构的阻尼比 ξ 取 0.05，故 $\gamma=0.9$，$\eta=1.0$。

水平地震作用影响系数为：

$$\alpha_1=\left(\frac{T_g}{T_1}\right)^{\gamma}\eta_2\alpha_{\max}=\left(\frac{0.35}{0.476}\right)^{0.9}\times1.0\times0.16=0.121$$

因为 $T_1=0.476\ \text{s}<1.4T_g=0.49\ \text{s}$，所以不考虑顶部附加水平地震作用。

结构总水平地震标准值为：

$$F_{\text{Ek}}=\alpha_1G_{\text{eq}}=0.121\times0.85\times33800=3476.33(\text{kN})$$

各层水平地震作用标准值按下式计算，具体计算过程和计算结果见表 4-16。

$$F_i=\frac{G_iH_i}{\sum_{j=1}^{n}G_jH_j}F_{\text{Ek}}$$

③ 验算弹性变形。

各层层间位移等于该层层间总剪力 V_i 除以层间总侧移刚度 D_i，即 $\Delta_i=\frac{V_i}{D_i}$。弹性层间位移角由 $\theta_i=\frac{\Delta_i}{h_i}$（$h_i$ 为第 i 层层高）计算，计算结果详见表 4-16。由表 4-16 可知，各层弹性层间位移角均满足 $\theta_i\leqslant[\theta]=\frac{1}{550}$ 的要求。

表 4-16　　**各层水平地震作用标准值及楼层剪力**

层数	层高/m	H_i/m	G_i/kN	G_iH_i/(kN·m)	F_i/kN	V_i/kN	D_i/(kN/m)	层间位移 Δ_i/m	弹性层间位移角 θ_i
5	3.6	18.6	5000	93000	885.36	885.36	627858	0.001410	1/2553
4	3.6	15.0	7000	105000	999.60	1884.96	627858	0.003002	1/1199
3	3.6	11.4	7000	79800	759.70	2644.66	627858	0.004212	1/855
2	3.6	7.8	7000	54600	519.79	3164.45	627858	0.005040	1/714
1	4.2	4.2	7800	32760	311.88	3476.33	547524	0.006349	1/662

（3）内力计算

① 计算水平地震作用下的框架内力。

水平地震作用下框架的内力利用结构力学求解器计算，计算结果如图 4-14 和图 4-15 所示。

② 计算竖向荷载作用下的框架内力。

采用结构力学求解器计算竖向荷载作用下的框架内力。由于框架结构对称、荷载对称、奇数跨结构内力对称，故可取半结构进行计算，如图 4-16 所示。

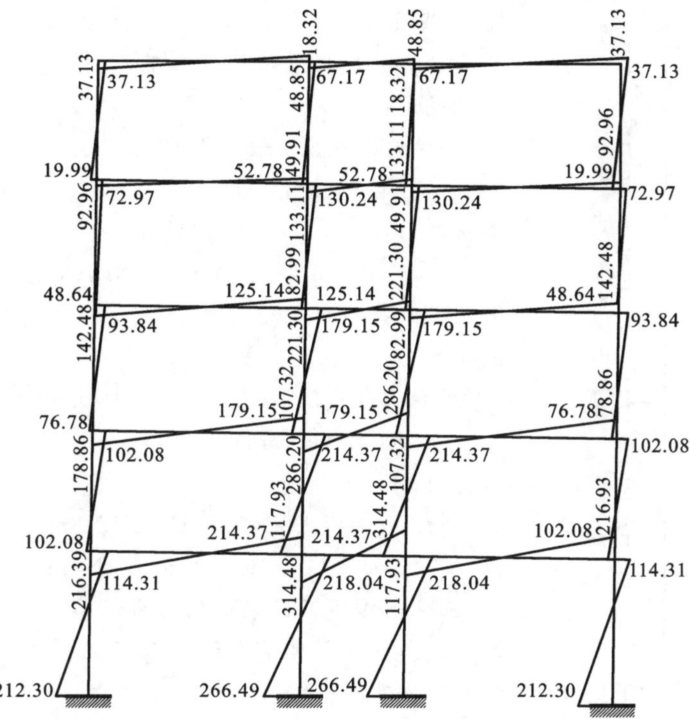

图 4-14　水平地震作用下框架弯矩图(单位:kN·m)

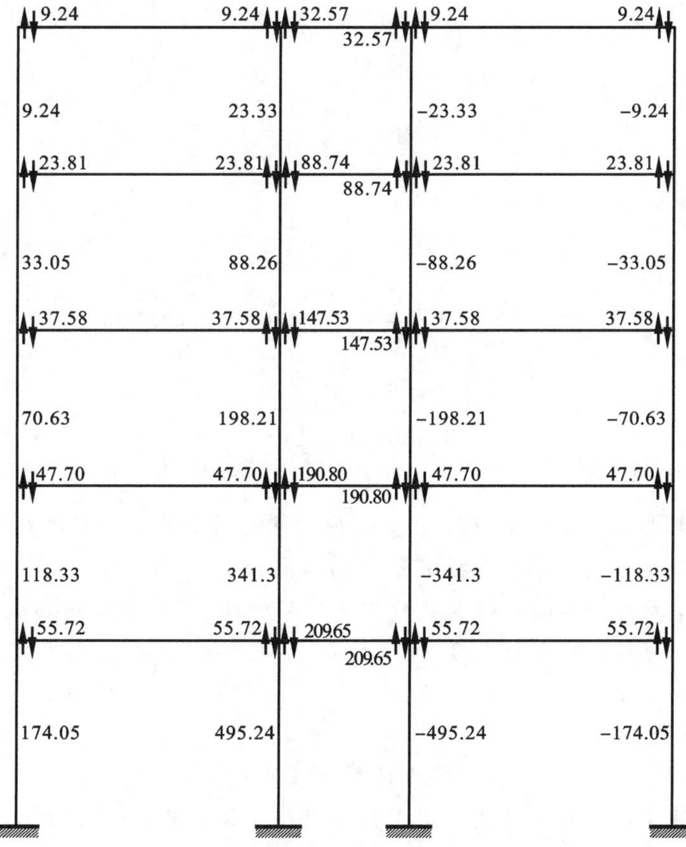

图 4-15　水平地震作用下框架梁端剪力和柱轴力(单位:kN)

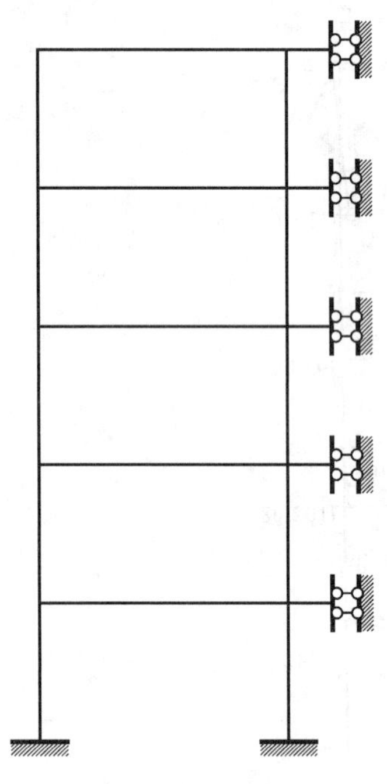

图 4-16　竖向荷载作用下框架计算简图

a. 荷载统计。

屋面梁线荷载标准值计算如下。

恒荷载为：

$$g_k=(2.5+3.1+0.5)\times6.6+0.6\times0.25\times25\times1.2$$
$$=44.76(\text{kN/m})$$

活荷载为：

$$q_k=0.5\times6.6=3.3(\text{kN/m})$$

楼面梁线荷载标准值计算如下。

恒荷载为：

$$g_k=(1.0+3.1+0.5)\times6.6+0.6\times0.25\times25\times1.2$$
$$=34.86(\text{kN/m})$$

活荷载为：

$$q_k=2.0\times6.6=13.2(\text{kN/m})\quad（教室）$$
$$q_k=2.5\times6.6=16.5(\text{kN/m})\quad（走廊）$$

b. 恒荷载作用下框架结构内力计算。

恒荷载作用下梁端弯矩计算如下。

(a) 屋面梁。

边跨：

$$M_P=\frac{g_k l^2}{12}=\frac{44.76\times6^2}{12}=134.28(\text{kN/m})$$

中跨：

$$M_P=\frac{g_k l^2}{3}=\frac{44.76\times\left(\frac{3}{2}\right)^2}{3}=33.57(\text{kN/m})$$

(b) 楼面梁。

边跨：

$$M_P=\frac{g_k l^2}{12}=\frac{34.86\times6^2}{12}=104.58(\text{kN/m})$$

中跨：

$$M_P=\frac{g_k l^2}{3}=\frac{34.86\times\left(\frac{3}{2}\right)^2}{3}=26.15(\text{kN/m})$$

恒荷载作用下，考虑钢筋混凝土框架的塑性内力重分布的性质，可以对梁端弯矩进行塑性调幅。根据工程经验，对现浇钢筋混凝土框架可取调幅系数 $\beta=0.8\sim0.9$。梁端弯矩降低后，跨中弯矩相应增加。图 4-17 所示为框架在恒荷载作用下的弯矩图，图中括号内的数字为梁端弯矩调幅后的截面弯矩数值，梁端弯矩调幅系数取 0.85。由梁、柱端弯矩，根据节点平衡条件即可求出梁端剪力和边柱轴力，具体见表 4-17、表 4-18。

c. 活荷载作用下框架内力计算。

活荷载作用下框架梁端剪力和边柱轴力计算结果见表 4-19、表 4-20。梁端弯矩也采用结构力学求解器进行计算，计算过程与恒荷载作用下框架弯矩计算一致，计算结果如图 4-18 所示，括号内的数字为梁端弯矩调幅后的截面弯矩数值，调幅系数取 0.85。

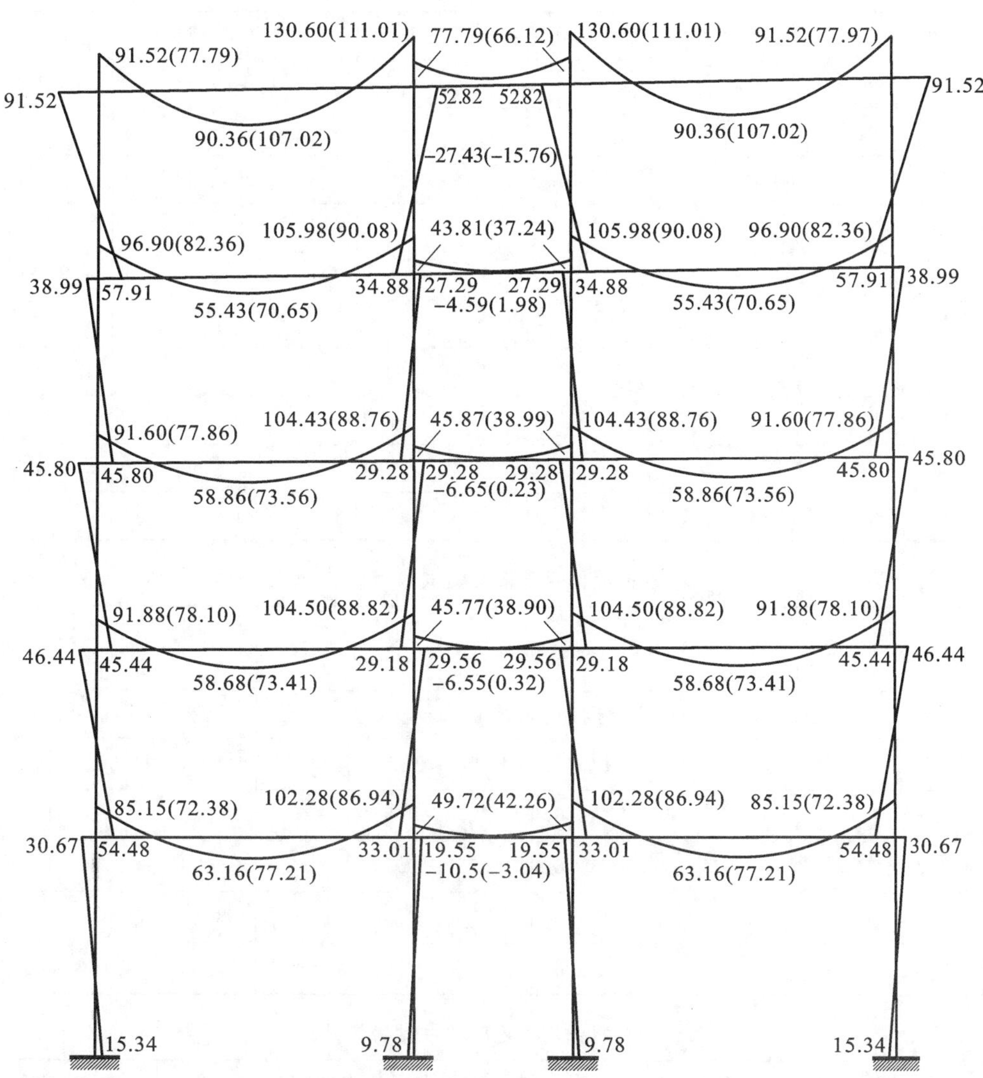

图 4-17 恒荷载作用下框架弯矩图(单位:kN·m)

表 4-17 **恒荷载作用下框架梁端剪力计算**

层数	g_k/(kN/m)		l/m		$\frac{g_k l}{2}$/kN		$\sum \frac{M}{l}$/kN		左端/kN		右端/kN	
	边跨	中跨	边跨	中跨	边跨	中跨	边跨	中跨	边跨	中跨	边跨	中跨
5	44.76	44.76	6	3	134.28	67.14	5.54	0	128.74	67.14	139.82	67.14
4	34.86	34.86	6	3	104.58	52.29	1.29	0	103.29	52.29	105.87	52.29
3	34.86	34.86	6	3	104.58	52.29	1.82	0	102.76	52.29	106.40	52.29
2	34.86	34.86	6	3	104.58	52.29	1.79	0	102.79	52.29	106.37	52.29
1	34.86	34.86	6	3	104.58	52.29	2.43	0	102.15	52.29	107.01	52.29

表 4-18 **恒荷载作用下框架边柱轴力计算**

层数	截面	梁剪力/kN	纵向梁传来的荷载/kN	柱自重/kN	柱轴力/kN
5	顶	128.74	34.6		163.34
	底			27	190.34
4	顶	103.29	44.4		338.03
	底			27	365.03
3	顶	102.76	44.4		512.19
	底			27	539.19
2	顶	102.79	44.4		686.38
	底			27	713.38
1	顶	102.15	46.84		862.37
	底			31.5	893.87

表 4-19 **活荷载作用下框架梁端剪力计算**

层数	g_k/(kN/m)		l/m		$\frac{g_k l}{2}$/kN		$\sum \frac{M}{l}$/kN		左端/kN		右端/kN	
	边跨	中跨	边跨	中跨	边跨	中跨	边跨	中跨	边跨	中跨	边跨	中跨
5	3.3	3.3	6	3	9.9	4.95	0.16	0	9.74	4.95	10.06	4.95
4	13.2	16.5	6	3	39.6	24.75	0.87	0	38.73	24.75	40.47	24.75
3	13.2	16.5	6	3	39.6	24.75	0.77	0	38.83	24.75	40.37	24.75
2	13.2	16.5	6	3	39.6	24.75	0.76	0	38.84	24.75	40.36	24.75
1	13.2	16.5	6	3	39.6	24.75	1.01	0	38.59	24.75	40.61	24.75

表 4-20 **活荷载作用下框架边柱轴力计算**

层数	截面	梁剪力/kN	纵向梁传来的荷载/kN	柱轴力/kN
5	顶	9.74	0	9.74
	底			9.74
4	顶	38.73	0	48.47
	底			48.47
3	顶	38.83	0	87.3
	底			87.3
2	顶	38.85	0	126.15
	底			126.15
1	顶	38.59	0	164.74
	底			164.74

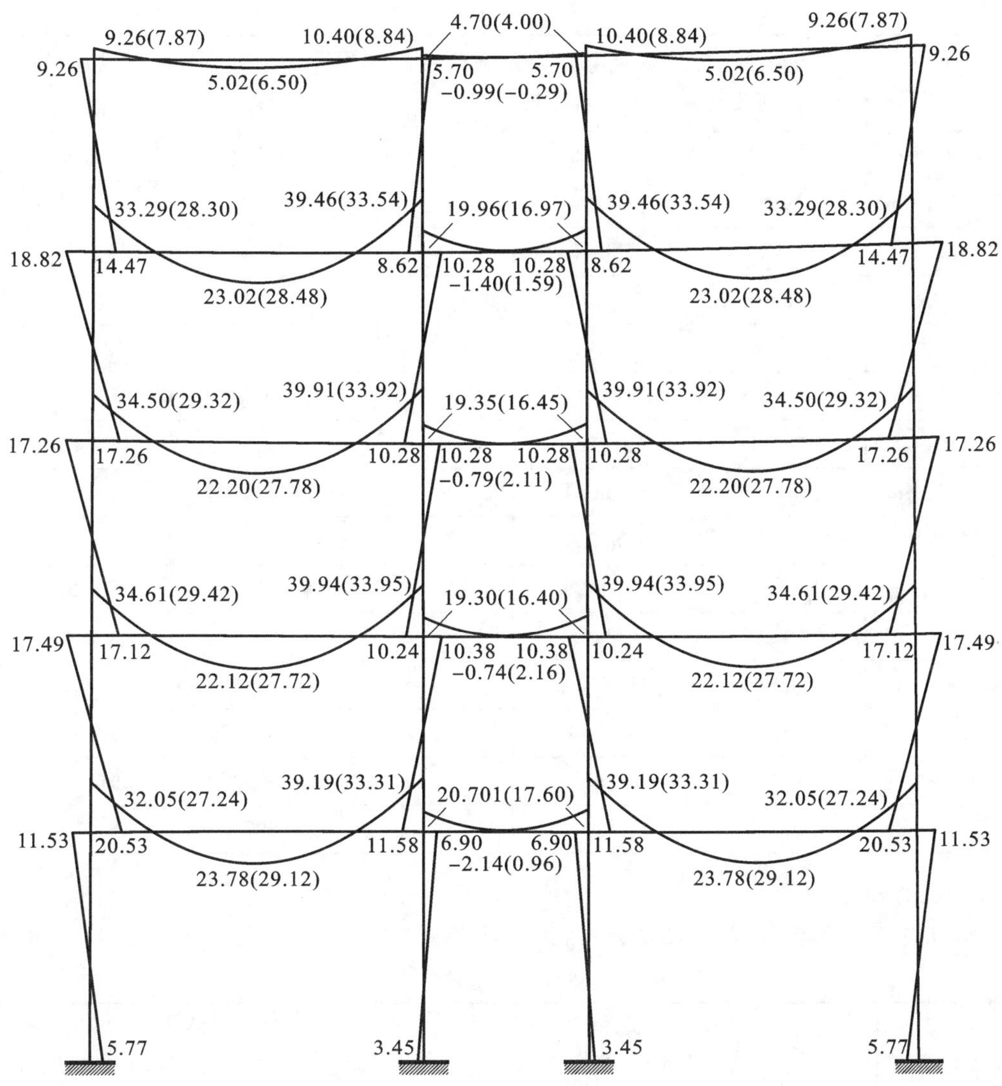

图 4-18　活荷载作用下框架弯矩图(单位:kN·m)

(4) 内力组合

① 梁的内力组合。

以中间框架底层和顶层为例,梁的内力组合见表 4-21。

表 4-21　**框架梁内力组合表**

梁段	截面内力	1.2 恒荷载+1.4 活荷载	1.35 恒荷载+1.4×0.7 活荷载	γ_{RE}[1.2×(恒荷载+0.5 活荷载)+1.3 地震]			M_{max} 或 V_{max}
				γ_{RE}	左震	右震	
顶层边跨	M_b^l/(kN·m)	−104.37	−112.73	0.75	−37.35	−109.75	−112.73
	M_b^m/(kN·m)	137.52	150.85	0.75	108.41	90.08	150.85
	M_b^r/(kN·m)	−145.59	−158.53	0.75	−121.75	−86.03	−158.53
	V_b^l/kN	168.12	183.34	0.85	126.07	146.49	183.34
	V_b^r/kN	−181.87	−198.62	0.85	−157.96	−137.54	−198.62

续表

梁段	截面内力	1.2恒荷载+1.4活荷载	1.35恒荷载+1.4×0.7活荷载	γ_{RE}[1.2×(恒荷载+0.5活荷载)+1.3地震]			M_{max}或V_{max}
				γ_{RE}	左震	右震	
顶层中跨	M_b^l/(kN·m)	−84.94	−93.18	0.75	−13.68	−108.94	−108.94
	M_b^m/(kN·m)	−19.32	−21.56	0.75	−14.31	−14.31	−21.56
	M_b^r/(kN·m)	−84.94	−93.18	0.75	−108.94	−13.68	−108.94
	V_b^l/kN	87.50	95.49	0.85	35.02	107.00	107.00
	V_b^r/kN	−87.50	−95.49	0.85	−107.00	−35.02	−107.00
底层边跨	M_b^l/(kN·m)	−126.48	−125.45	0.75	33.58	−189.33	−189.33
	M_b^m/(kN·m)	132.52	132.14	0.75	33.53	131.08	132.52
	M_b^r/(kN·m)	−151.28	−150.24	0.75	−302.35	115.67	−302.35
	V_b^l/kN	176.61	175.72	0.85	62.30	185.44	185.44
	V_b^r/kN	185.27	−184.26	0.85	−191.43	−68.29	−191.43
底层中跨	M_b^l/(kN·m)	−74.47	−73.68	0.75	260.95	−352.29	−352.29
	M_b^m/(kN·m)	−1.42	−2.55	0.75	−2.02	−2.02	−2.55
	M_b^r/(kN·m)	−74.47	−73.68	0.75	−352.29	260.95	−352.29
	V_b^l/kN	97.40	94.85	0.85	−165.70	297.62	297.62
	V_b^r/kN	−97.40	−94.85	0.85	−297.62	165.70	−297.62

② 柱的内力组合。

以中间框架边柱底层、三层和五层为例，组合结果见表4-22。

表4-22 **边柱内力组合表**

边柱段	截面内力	1.2恒荷载+1.4活荷载	1.35恒荷载+1.4×0.7活荷载	γ_{RE}[1.2×(恒荷载+0.5活荷载)+1.3地震]			M_{max}及相应的N、V	N_{max}及相应的M、V	N_{min}及相应的M、V
				γ_{RE}	左震	右震			
五层	M_c^t/(kN·m)	122.79	132.63	0.80	53.69	130.92	132.63	132.63	53.69
	M_c^b/(kN·m)	89.75	92.36	0.80	41.75	83.33	92.36	92.36	41.75
	N_c^t/kN	−209.64	−230.05	0.80	−151.87	−171.09	−230.05	−230.05	−151.87
	N_c^b/kN	−242.04	−266.50	0.80	−177.79	−197.01	−266.50	−266.50	−177.79
	V/kN	−59.04	−62.50	0.85	−28.16	−63.24	−62.50	−62.50	−28.16
三层	M_c^t/(kN·m)	79.12	78.74	0.80	−45.34	149.85	149.85	78.74	−45.34
	M_c^b/(kN·m)	78.50	78.12	0.80	−28.01	131.69	131.69	78.12	−28.01
	N_c^t/kN	−736.85	−777.01	0.80	−460.15	−607.06	−607.06	−777.01	−460.15
	N_c^b/kN	−769.25	−813.46	0.80	−486.07	−632.98	−632.98	−813.46	−486.07
	V/kN	−43.78	−43.57	0.85	21.65	−83.08	−83.08	−43.57	21.65

续表

边柱段	截面内力	1.2 恒荷载+1.4 活荷载	1.35 恒荷载+1.4×0.7 活荷载	γ_{RE}[1.2×(恒荷载+0.5 活荷载)+1.3 地震]			M_{max}及相应的N、V	N_{max}及相应的M、V	N_{min}及相应的M、V
				γ_{RE}	左震	右震			
底层	M_c^t/(kN·m)	52.95	52.70	0.80	−83.90	153.86	153.86	52.70	−83.90
	M_c^b/(kN·m)	26.49	26.36	0.80	−203.30	238.29	238.29	26.36	−203.30
	N_c^t/kN	−1265.48	−1325.64	0.80	−725.94	−1087.96	−1087.96	−1325.64	−725.94
	N_c^b/kN	−1303.28	−1368.17	0.80	−756.18	−1118.20	−1118.20	−1368.17	−756.18
	V/kN	−18.91	−18.82	0.85	72.65	−99.20	−99.20	−18.82	72.65

③ 内力调整。

本例中为框架结构，结构高度为 18.6 m，抗震设防烈度为 8 度，相应的抗震等级为二级。

a. 构件“强柱弱梁”的调整。

柱端组合的弯矩设计值应符合下式要求：

$$\sum M_c = \eta_c \sum M_b$$

式中 η_c——框架柱端弯矩增大系数，二级取 1.5。

底层边柱上节点：

$$\sum M_b = 189.33 \text{ kN·m}$$

则

$$\sum M_c = 1.5 \times 189.33 = 284.00 (\text{kN·m})$$

上端：

$$M_c = 0.538 \times 284.00 = 152.79 (\text{kN·m})$$

下端：

$$M_c = 0.462 \times 284.00 = 131.21 (\text{kN·m})$$

底层柱下端截面组合弯矩设计值应乘以增大系数 1.5。

$$M_c = 1.5 \times 238.29 = 357.44 (\text{kN·m})$$

b. 构件“强剪弱弯”的调整。

框架梁端截面组合的剪力设计值应按下式调整，调整结果见表 4-23。

$$V = \frac{\eta_{vb}(M_b^l + M_b^r)}{l_n} + V_{Gb}$$

式中 η_{vb}——梁端剪力增大系数，二级取 1.2。

$$V_{Gb} = \frac{1.3\times(\text{恒荷载}+0.5\text{ 活荷载})}{2l_n}$$ （按简支梁计算，恒荷载、活荷载为均布荷载）

表 4-23　**框架梁的调整（以顶层、底层为例）**

截面	梁段	恒荷载+0.5 活荷载/(kN/m)	l_n/m	V_{Gb}/kN	M_b^l/(kN·m)	M_b^r/(kN·m)	V/kN
顶层	边跨	208.84	5.5	24.68	112.73	158.53	34.67
	中跨	52.21	2.5	13.57	108.94	108.94	13.57

续表

截面	梁段	恒荷载+0.5活荷载/(kN/m)	l_n/m	V_{ab}/kN	M_b^l/(kN·m)	M_b^r/(kN·m)	V/kN
底层	边跨	186.57	5.5	22.05	189.33	302.35	46.71
	中跨	48.50	2.5	12.61	352.29	352.29	12.61

框架柱端截面组合的剪力设计值按下式调整,调整结果见表4-24。

$$V=\frac{\eta_{vc}(M_c^b+M_c^t)}{h_n}$$

式中 η_{vc}——柱剪力增大系数,二级取1.3;

h_n——柱高。

表4-24 **框架梁的调整(以边柱三层、底层为例)**

截面	M_c^t/(kN·m)	M_c^b/(kN·m)	h_n/m	V/kN
三层	149.85	131.69	3	122.00
底层	153.86	238.29	3.6	141.61

根据梁、柱控制截面调整后的内力设计值确定最不利内力组合,然后进行截面配筋计算,具体过程略。

本章小结

(1) 多层和高层钢筋混凝土结构震害可分为结构布置层面的震害与构件层面的震害两类。

(2) 确保框架结构具有良好的抗震延性性能的设计原则主要包括:强柱弱梁,强剪弱弯,强节点、强锚固。

(3) 多层和高层钢筋混凝土结构的抗震概念设计主要包括:结构体系的选择、抗震等级的划分、结构布置。

(4) 框架结构的抗震设计包括框架结构抗震概念设计、框架结构抗震计算及验算、框架结构薄弱层弹塑性变形验算、框架结构的抗震构造措施4部分内容。

思考题与习题

4-1 多层和高层钢筋混凝土结构建筑的震害主要有哪些表现?

4-2 什么是钢筋混凝土结构的抗震概念设计?

4-3 常用的钢筋混凝土建筑结构体系有哪些? 各自有何特点?

4-4 钢筋混凝土建筑结构布置有哪些原则?

4-5 简述“墙柱弱梁”“强剪弱弯”“强节点、强锚固”的设计原则。

4-6 为何要限制框架柱的轴压比?

4-7 抗震墙如何进行分类? 其分类对抗震设计有何作用?

4-8 抗震墙结构抗震设计的步骤有哪些?

4-9 如何增强连梁的抗震性能?

4-10 抗震墙结构构造措施有哪些方面的要求?

5　多层砌体房屋抗震设计

【内容提要】

本章的主要内容包括：多层砌体结构的震害特征及其原因，多层砌体结构抗震概念设计，多层砌体结构的抗震验算方法及构造措施。

【能力要求】

通过本章的学习，学生应了解多层砌体结构的宏观震害现象及特征；熟悉多层砌体房屋的各类结构体系及建筑布置，以及多层砌体房屋的抗震验算流程；了解设置钢筋混凝土构造柱、设置钢筋混凝土芯柱、合理设置圈梁、加强楼梯的构造、加强结构各部位的连接抗震构造措施。

5.1　多层砌体结构的震害特征及其原因

砌体结构是采用砌块和砂浆砌筑而成的墙、柱作为建筑物主要受力构件的结构。在我国，特别是在经济欠发达的中西部地区及乡镇地区，砌体结构是使用广泛的一种建筑结构形式。砌体的抗拉、弯、剪的强度较其抗压强度明显偏低，导致其变形能力非常有限，如果未经抗震设计，多层砌体房屋在地震中的破坏极为严重。

砌体房屋的宏观震害现象主要表现为倒塌、局部倒塌和墙体开裂等。

(1) 房屋倒塌

多层砌体房屋发生倒塌的原因在于其强度不足。在高烈度区和极震区，当砌体房屋底部的强度较低(如多层砌体结构底层门窗开洞较多或为底部框架结构)时，容易出现房屋的整体倾倒；当上部墙体整体性差、强度不足时，易造成上部墙体倒塌；当房屋局部强度不足时，易造成房屋局部倒塌。此外，当砌体结构的强度不足以抵抗地震作用时，也会使上、下层墙体同时散碎成零碎的块体，如图 5-1 所示。

图 5-1　砌体房屋的倒塌破坏

(2) 墙体开裂

在地震作用下，墙体裂缝形式主要是水平裂缝、斜裂缝、交叉裂缝和竖向裂缝等，严重的裂缝可导致墙体破坏。墙体在受到方向与其垂直的地震作用时，会因为受弯或受剪承载力不足而导致纵向窗间墙的上、下截面处，以及楼盖与墙体的连接处产生水平裂缝，如图 5-2 所示。墙体在受到方向与其平行的地震作用时，会因为墙体的主拉应力达到极限强度而产生斜裂缝；在地震的反复作用下，容易形成交叉裂缝，如图 5-3 所示，在扭转地震作用下，房屋的端部尤其是墙角处容易产生严重的震害，如图 5-4 所示。

图 5-2 墙体的水平裂缝

图 5-3 墙体的交叉裂缝

图 5-4 墙角破坏

历次地震震害调查资料表明，砌体房屋具有以下震害特征。

① 不同烈度区砌体结构的震害差异较大。低烈度区以墙体裂缝等轻微破坏为主，在中、小震时可维修度比框架结构好；而高烈度区和极震区砌体房屋因整体性差，多发生严重破坏或连续性倒塌。

② 未进行抗震设防设计的老旧房屋比经过抗震设防设计或抗震加固的房屋破坏严重。

③ 结构布置对砌体房屋的震害影响较大。复杂形体房屋比简单形体房屋破坏严重；横墙承重房屋的震害轻于纵墙承重房屋的震害；底层较空旷时，底层破坏严重；结构顶层为大开间时，顶层破坏严重。

④ 村镇建筑仍是房屋抗震的薄弱环节。乡镇自建房一般未经抗震设计，无抗震构造措施，抗震能力差，易在地震中大量倒塌，历次大地震都揭示了这个问题。

此外，多层砌体房屋的震害还具有以下特征：层数越多、房屋总高度越大，破坏越严重；纵横墙越少，破坏越严重；砂浆强度等级越低，破坏越严重；房屋的下部破坏比上部严重；房屋的两端及转角处震害较严重；墙肢布置越不均匀，破坏越严重。

5.2 多层砌体结构抗震概念设计

5.2.1 结构承重体系和布置

《建筑抗震设计规范》(GB 50011—2010)规定，多层砌体房屋的结构体系与建筑布置应符合以下几点要求。

① 优先采用横墙承重或纵、横墙共同承重的结构体系，不应采用砌体墙和混凝土墙混合承重的结构体系。

② 纵、横向砌体抗震墙的布置应符合下列要求：

a. 宜均匀、对称，沿平面内宜对齐，沿竖向应上下连续，且纵、横向墙体的数量不宜相差过大。

b. 平面轮廓凹凸尺寸不应超过典型尺寸的50%；当超过典型尺寸的25%时，房屋转角处应采取加强措施。

c. 楼板局部大洞口的尺寸不宜超过楼板宽度的30%，且不应在墙体两侧同时开洞。

d. 房屋错层的楼板高差超过500 mm时，应按两层计算；错层部位的墙体应采取加强措施。

e. 同一轴线上的窗间墙宽度宜均匀；对于墙面洞口的面积，抗震设防烈度为6、7度时不宜大于墙面总面积的55%，抗震设防烈度为8、9度时不宜大于50%。

f. 在房屋宽度方向的中部应设置内纵墙，其累计长度(高宽比大于4的墙段长度不计入)不宜小于房屋总长度的60%。

③ 砌体房屋出现下列情况之一时宜设置防震缝，防震缝两侧均应设置墙体，缝宽(70～100 m)应根据烈度和房屋高度确定：

a. 房屋立面高差在6 m以上；

b. 房屋有错层，且楼板高差大于层高的1/4；

c. 各部分结构刚度、质量截然不同。

④ 楼梯间不宜设置在房屋的尽端或转角处。

⑤ 不应在房屋转角处设置转角窗。

⑥ 横墙较少、跨度较大的房屋，宜采用现浇钢筋混凝土楼、屋盖。

5.2.2 房屋层数和总高度的限值

历次地震的宏观调查资料显示：砌体建筑的层数越多，高度越高，就意味着侧向地震作用就越大，同时也加大了建筑底部的倾覆力矩，其地震破坏越大。据此，《建筑抗震设计规范》(GB 50011—2010)规定，多层砌体结构的层数和总高度应符合下列要求：

① 一般情况下，房屋的层数和总高度不应超过表5-1的规定值。

② 横墙较少的多层砌体房屋，总高度应比表5-1的规定值降低3 m，层数相应减少一层；各层横墙很少的多层砌体房屋，还应再减少一层。横墙较少是指同一楼层内开间大于4.2 m的房间占该层总面积的40%以上；横墙很少是指开间不大于4.2 m的房间占该层总面积的比例不到20%且开间大于4.8 m的房间占该层总面积的50%以上。

③ 抗震设防烈度为6、7度时，对于横墙较少的丙类多层砌体房屋，当按规定采取加强措施并满足抗震承载力要求时，其高度和层数应允许仍按表5-1的规定采用。

④ 采用蒸压灰砂砖和蒸压粉煤灰砖的砌体房屋，当砌体的抗剪强度仅达到普通黏土砖砌体的

70%时，房屋的层数应比普通砖房减少一层，总高度应减少 3 m；当砌体的抗剪强度达到普通黏土砖砌体的取值时，房屋层数和总高度的要求同普通砖房屋。

表 5-1 **多层砌体房屋层数和总高度限值**

房屋类型	抗震墙最小厚度/mm	抗震设防烈度和设计基本地震加速度											
		6 度		7 度				8 度				9 度	
		0.05g		0.10g		0.15g		0.20g		0.30g		0.40g	
		高度/m	层数	高度/m	层数	高度/m	层数	高度/m	层数	高度/m	层数	高度/m	层数
普通砖	240	21	7	21	7	21	7	18	6	15	5	12	4
多孔砖	240	21	7	21	7	18	6	18	6	15	5	9	3
	190	21	7	18	6	15	5	15	5	12	4	—	—
小砌块	190	21	7	21	7	18	6	18	6	15	5	9	3

注：1. 房屋的总高度指室外地面到主要屋面板板顶或檐口的高度，半地下室从地下室室内地面算起，全地下室和嵌固条件好的半地下室应允许从室外地面算起；对带阁楼的坡屋面，应算到山尖墙的 1/2 高度处。

2. 室内外高差大于 0.6 m 时，房屋总高度应允许比表中的数据适当增加，但增加量应小于 1.0 m。

3. 乙类多层砌体房屋的层数和总高度仍按本地区抗震设防烈度查表确定，其层数应减少一层且总高度应降低 3 m；不应采用底部框架-抗震墙砌体房屋。

4. 本表中小砌块砌体房屋不包括配筋混凝土小型空心砌块砌体房屋。

此外，《建筑抗震设计规范》(GB 50011—2010)对多层砌体房屋的层高也提出了相应的要求：多层砌体承重房屋的层高不应超过 3.6 m；当使用功能确有需要时，采用约束砌体等加强措施的普通砖房屋的层高不应超过 3.9 m。

5.2.3 房屋高宽比的限值

当房屋的高宽比大时，地震时易发生整体弯曲破坏。一般来说，多层砌体房屋不作整体弯曲验算，但为了保证房屋稳定，房屋的高宽比宜满足表 5-2 的要求。

表 5-2 **多层砌体房屋的最大高宽比**

抗震设防烈度	6 度	7 度	8 度	9 度
最大高宽比	2.5	2.5	2.0	1.5

注：1. 单面走廊房屋的总宽度不包括走廊宽度；

2. 建筑平面形状接近正方形时，其高宽比宜适当减小。

5.2.4 砌体抗震横墙的间距

多层砌体房屋的横向地震力主要由横墙承担，地震中横墙间距的大小对多层砌体房屋的抗震性能影响很大。当横墙间距较大时，楼盖水平刚度变小，不能将横向水平地震作用有效传递到横墙，致使纵墙发生较大的平面弯曲变形。因此，多层砌体房屋的最大抗震横墙间距不应超过表 5-3 中的规定值。

需要特别注意的是，多层砌体房屋顶层的最大抗震横墙间距，在采用钢筋混凝土屋盖时允许适当放宽，即大房间平面长宽比不大于 2.5，且不超过表 5-3 中数值的 1.4 倍及 18 m 中的较小值。此时，抗震横墙除应满足抗震承载力计算要求外，相应的构造柱需要加强并至少向下延伸一层。

表 5-3　**多层砌体房屋的最大抗震横墙间距**　(单位:m)

房屋类型		抗震设防烈度			
		6 度	7 度	8 度	9 度
多层砌体房屋	现浇或装配整体式钢筋混凝土楼、屋盖	15	15	11	7
	装配式钢筋混凝土楼、屋盖	11	11	9	4
	木屋盖	9	9	4	—

注:1. 多层砌体房屋的顶层,除木屋盖外的最大抗震横墙间距应允许适当放宽,但应采取相应加强措施;

2. 多孔砖抗震横墙厚度为 190 mm 时,最大抗震横墙间距应比表中数值减小 3 m。

5.2.5　房屋局部尺寸的限值

对砌体房屋局部尺寸进行限制,目的在于使同一轴线上的墙段能均匀地分配地震剪力,防止因这些部位的失效而造成整栋房屋的破坏甚至倒塌。根据地震区的宏观调查资料分析,房屋的局部尺寸应符合表 5-4 的要求。

表 5-4　**房屋的局部尺寸限值**　(单位:m)

部位 \ 抗震设防烈度	6 度	7 度	8 度	9 度
承重窗间墙最小宽度	1.0	1.0	1.2	1.5
承重外墙尽端至门窗洞边的最小距离	1.0	1.0	1.2	1.5
非承重外墙尽端至门窗洞边的最小距离	1.0	1.0	1.0	1.0
内墙阳角至门窗洞边的最小距离	1.0	1.0	1.5	2.0
无锚固女儿墙(非出入口处)的最大高度	0.5	0.5	0.5	0.0

注:1. 局部尺寸不足时,应采取局部加强措施弥补,且最小宽度不宜小于 1/4 层高和表列数据 80%中的较大值。

2. 出入口处的女儿墙应有锚固。

3. 表中外墙尽端指建筑物平面凸角处(不包括外墙总长的中部局部凸折处)的外墙端头,以及建筑物平面凹角处(不包括外墙总长的中部局部凹折处)未与内墙相连的外墙端头。

4. 当采用另增设构造柱等措施时,可对限值适当放宽。

5.3　多层砌体结构的抗震计算

多层砌体房屋的抗震计算是对墙体抗侧力能力进行验算,具体而言是对承载范围较大或竖向应力较小的不利墙段的抗震验算。多层砌体房屋的抗震计算基本步骤包括:砌体结构计算简图的确定、水平地震作用及地震剪力的计算、楼层水平地震剪力的分配、墙段抗震承载力验算。

5.3.1　砌体结构计算简图的确定

砌体房屋计算简图的确定应符合下列要求。

① 以防震缝所划分的结构单元作为计算单元。

② 在计算单元中,将各楼层的重力集中到楼、屋盖标高处。

③ 各楼层重力荷载应包括:楼、屋盖自重,活荷载组合值及上、下各半层的墙体、构造柱重力之和。

④ 计算简图中底部固定端的确定：当基础埋置较浅时，取为基础顶面；当基础埋置较深时，可取为室外地坪下 0.5 m 处；当设有整体刚度很大的全地下室时，则取为地下室顶板顶部；当地下室整体刚度较小或为半地下室时，则应取为地下室室内地坪处。

综上所述，某多层砌体房屋计算简图如图 5-5 所示。

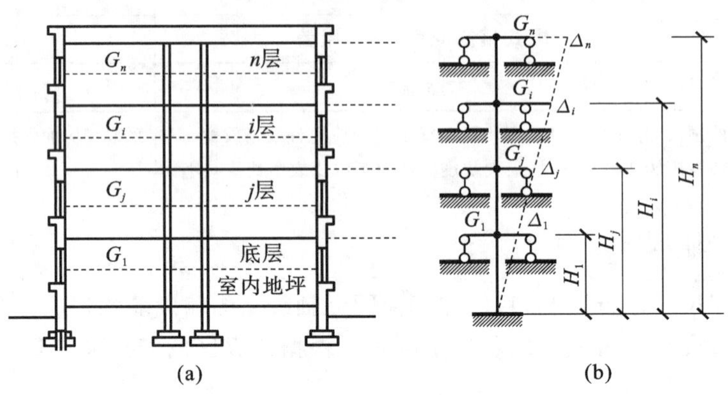

图 5-5　多层砌体房屋及其计算简图

(a) 多层砌体房屋；(b) 计算简图

5.3.2　水平地震作用及地震剪力的计算

多层砌体房屋层数一般不超过 7 层，且质量与刚度沿高度方向一般分布比较均匀，在地震作用下的变形以剪切变形为主，因此可采用底部剪力法对其进行水平地震作用的计算。多层砌体房屋纵向或横向承重墙数量较多，房屋的侧向刚度大，其基本周期一般处于设计反应谱的平台段周期范围内，水平地震影响系数取地震影响系数最大值。于是，多层砌体房屋所受到的水平地震作用标准值可按下列公式进行计算。

$$F_{\mathrm{Ek}}=\alpha_1 G_{\mathrm{eq}}=\alpha_{\max} G_{\mathrm{eq}} \tag{5-1}$$

$$F_i=\frac{G_i H_i}{\sum_{j=1}^{n} G_j H_j} F_{\mathrm{Ek}}(1-\delta_n)=\frac{G_i H_i}{\sum_{j=1}^{n} G_j H_j} F_{\mathrm{Ek}} \quad (i=1,2,\cdots,n) \tag{5-2}$$

$$G_{\mathrm{eq}}=\begin{cases}\sum_{i=1}^{n} G_i & (n=1)\\ 0.85\sum_{i=1}^{n} G_i & (i=1,2,\cdots,n)\end{cases} \tag{5-3}$$

式中　F_{Ek}——作用在结构底部的总的水平地震作用标准值；

G_{eq}——结构等效总重力荷载代表值；

G_i——质点的重力荷载代表值；

$\alpha_{\max}$——水平地震影响系数最大值；

H_i,H_j——质点 i、j 的计算高度；

α_1——相应于结构基本自振周期 T_1 的水平地震影响系数；

F_i——第 i 楼层的水平地震作用标准值。

水平地震作用下，第 i 楼层的水平地震剪力标准值 V_i 等于该层以上各层水平地震作用标准值之和，即：

$$V_i = \sum_{j=i}^{n} F_j \tag{5-4}$$

抗震验算时，结构任一楼层的水平地震剪力标准值应该符合下式要求：

$$V_i > \lambda \sum_{j=i}^{n} G_j \tag{5-5}$$

式中　λ——剪力系数，不应小于表 5-5 中规定的楼层最小地震剪力系数值。

对于突出屋面的屋顶间、女儿墙、烟囱等，考虑鞭梢效应的影响，其水平地震作用标准值应乘以增大系数 3，增大的部分不应往下传递，但在设计与该突出部分相连的构件时应予以计入。

表 5-5　**楼层最小地震剪力系数值**

项目 \ 抗震设防烈度	6 度	7 度	8 度	9 度
扭转效应明显或基本周期小于 3.5 s 的结构	0.008	0.016(0.024)	0.032(0.048)	0.064
基本周期大于 5.0 s 的结构	0.006	0.012(0.018)	0.024(0.036)	0.048

注：1. 基本周期介于 3.5～5.0 s 之间的结构可采用线性插入法取值；

2. 括号内数据分别用于设计基本地震加速度为 0.15g 和 0.30g 的地区；

3. 竖向不规则结构的薄弱层，还应乘以 1.15 的增大系数。

5.3.3　楼层水平地震剪力的分配

在多层砌体房屋中，墙体是主要抗侧力构件。沿某一水平方向作用的楼层地震剪力 V_i 通过屋盖、楼盖传递后，由与该方向平行的各墙体共同承担。因此，水平地震剪力在同一层各墙体间的分配主要取决于楼盖、屋盖的水平刚度及各墙体的侧移刚度。

(1) 墙体的侧移刚度

如图 5-6 所示，某墙下端固定，上端嵌固，墙体的高度、宽度、厚度分别为 h、b、t。当在墙体的顶端施加一个单位的水平地震剪力时，所产生的侧移 δ 称为墙体的侧移柔度，侧移柔度的倒数为侧移刚度，用 K 表示。

墙体在水平地震剪力作用下的侧移(δ)包括弯曲变形引起的侧移(δ_b)和剪切变形引起的侧移(δ_s)，即 $\delta=\delta_b+\delta_s$。其中，δ_b 与 δ_s 可分别按式(5-6)与式(5-7)进行计算。

$$\delta_b = \frac{h^3}{12EI} = \frac{1}{Et}\left(\frac{h}{b}\right)^3 = \frac{\rho^3}{Et} \tag{5-6}$$

$$\delta_s = \frac{\zeta h}{AG} = \frac{\zeta h}{btG} \tag{5-7}$$

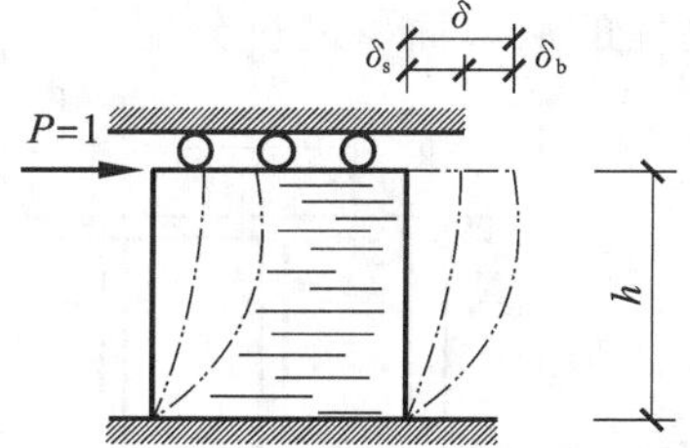

图 5-6　墙体侧移柔度

式中　E，G——砌体的弹性模量和剪切模量，一般 $G=0.4E$；

A，I——墙体的水平截面面积和惯性矩；

ζ——截面剪应力不均匀系数，对矩形截面取 1.2；

ρ——墙肢的高宽比，$\rho=h/b$。

(2) 楼层地震剪力的分配原则

楼层地震剪力 V_i 一般假定由各层与 V_i 方向一致的各抗震墙体共同承担，即横向地震作用全部由横墙承担，纵向地震作用全部由纵墙承担。楼层地震剪力在各抗侧力墙体间的分配，取决于每片墙体的层间抗侧移刚度与楼盖的整体水平刚度。

(3) 楼层地震剪力的分配

横向地震剪力分配时,根据楼盖的水平刚度将楼盖分为刚性楼盖、中等刚度楼盖和柔性楼盖;纵向地震剪力分配时,由于结构纵向刚度都较大,通常将其视为刚性楼盖。

① 刚性楼盖房屋。

刚性楼盖是指抗震横墙间距满足表 5-3 要求的现浇及装配整体式钢筋混凝土楼盖。在横向水平地震作用下,假定刚性楼盖在其自身水平面内刚度无穷大,只产生水平位移 Δ_i,其力学模型如图 5-7 所示,每个抗震墙分担的水平地震剪力和其抗侧刚度成正比。设第 i 楼层共有 m 道墙,则其中第 j 墙体所承担的水平地震剪力标准值 V_{ij} 可由下式计算:

$$V_{ij} = \frac{K_{ij}}{\sum_{k=1}^{m} K_{ik}} V_i \tag{5-8}$$

式中 K_{ij},K_{ik}——第 i 楼层第 j 墙体和第 k 墙体的抗侧刚度。

当同一墙体材料及强度均相同,且只考虑剪切变形时,可得

$$V_{ij} = \frac{A_{ij}}{\sum_{k=1}^{m} A_{ik}} V_i \tag{5-9}$$

式中 A_{ij},A_{ik}——第 i 楼层第 j 墙体和第 k 墙体的水平截面面积。

② 柔性楼盖房屋。

柔性楼盖一般指木楼盖。由于柔性楼盖水平刚度较小,在横向水平地震作用下除产生水平位移 Δ_i 外,还有弯曲变形。因此,可将柔性楼盖视为一多跨简支梁,其力学模型如图 5-8 所示。各抗震横墙所承担的地震剪力为墙体从属面积上重力荷载所产生的水平地震作用,则第 i 楼层第 j 墙体所承担的水平地震剪力标准值 V_{ij} 为:

$$V_{ij} = \frac{G_{ij}}{G_i} V_i \tag{5-10}$$

式中 G_i——第 i 楼层的重力荷载代表值;

G_{ij}——第 i 楼层第 j 墙体从属面积上的重力荷载代表值。

当楼层单位面积上的重力荷载代表值相等时,上述水平地震剪力标准值可进一步简化为按各墙体的从属面积进行分配:

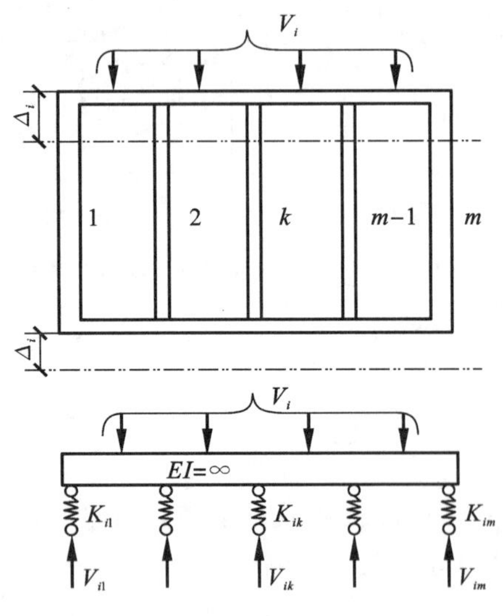

图 5-7 刚性楼盖计算简图

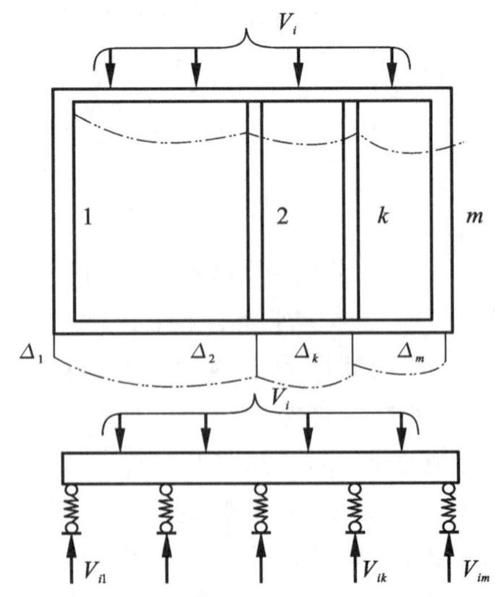

图 5-8 柔性楼盖计算简图

$$V_{ij}=\frac{S_{ij}}{S_i}V_i \tag{5-11}$$

式中 S_i——第 i 楼层的总面积；

S_{ij}——第 i 层楼第 j 墙体的从属面积，一般等于该墙两侧相邻墙之间各一半建筑面积之和。

③ 中等刚度楼盖房屋。

装配式钢筋混凝土楼盖属于中等刚度楼盖，其刚度介于刚性楼盖和柔性楼盖之间。中等刚度楼盖各横墙所分配的地震剪力，可近似按刚性楼盖和柔性楼盖两种计算结果的平均值确定：

$$V_{ij}=\frac{1}{2}\left(\frac{k_{ij}}{\sum_{k=1}^{m}k_{ik}}+\frac{G_{ij}}{G_j}\right)V_j \tag{5-12}$$

当同一层墙体的材料及高度都相同，且楼层重力荷载均匀分布时，可用下式计算墙体所承担的水平地震剪力标准值。

$$V_{ij}=\frac{1}{2}\left(\frac{A_{ij}}{\sum_{k=1}^{m}A_{ik}}+\frac{S_{ij}}{S_j}\right)V_j \tag{5-13}$$

(4) 墙段间地震剪力的分配

砌体结构中，在同一道墙上，门窗洞口的存在会把横、纵墙分成若干个墙段。由于在水平地震作用下各墙段产生的侧移值相同，因此各墙段所承担的地震剪力可按各墙段的抗侧刚度进行分配。设第 i 楼层第 j 墙体共有 n 个墙段，则其中第 r 墙段所承担的水平地震剪力标准值 V_{ijr} 为：

$$V_{ijr}=\frac{K_{ijr}}{\sum_{k=1}^{n}K_{ijk}}V_{ij} \tag{5-14}$$

式中 K_{ijr}，K_{ijk}——第 i 层第 j 墙体中第 r 墙段、第 k 墙段的抗侧刚度。

墙段抗侧刚度应按下列原则确定：

① 刚度的计算应计入高宽比的影响。因为墙体高宽比不同，墙体总侧移中弯曲变形和剪切变形所占的比例不同。这里高宽比(h/b)是指层高与墙长之比，对门窗洞口的小墙段是指洞净高与洞侧墙宽之比。当 $h/b<1$ 时，只考虑剪切变形的影响，按式(5-9)或式(5-10)计算地震剪力；当 $1\leqslant h/b\leqslant 4$ 时，应同时考虑剪切变形和弯曲变形的影响，按式(5-12)和式(5-13)计算地震剪力；当 $h/b>4$ 时，只考虑弯曲变形的影响，按式(5-10)和式(5-11)计算地震剪力。

② 墙段宜按门窗洞口划分，对小开口墙段可按不开洞的毛面积墙面计算刚度开洞率，再乘以墙段洞口影响系数。墙段洞口影响系数详见表 5-6。

表 5-6 **墙段洞口影响系数**

开洞率	0.10	0.20	0.30
影响系数	0.98	0.94	0.88

注：1. 开洞率为洞口水平截面面积与墙段水平毛截面面积之比，相邻洞口之间净宽小于 500 mm 的墙段视为洞口。

2. 洞口中线偏离墙段中线大于墙段长度的 1/4 时，表中影响系数值折减 0.9；门洞的洞顶高度大于层高的 80%时，表中数据不适用；窗洞高度大于 50%层高时，按门洞对待。

5.3.4 墙段抗震承载力验算

(1) 墙段抗震承载力验算原则

地震时砌体结构墙段承受竖向压力和水平地震剪力的共同作用，当强度不足时一般会发生剪切破坏。因此，墙段承受的水平地震剪力确定后需要对截面进行抗震承载力验算。根据以往的设计经验，抗震验算时，只需对纵、横墙的不利墙段进行截面验算。其中，不利墙段指的是承担地震作用较大的、竖向压应力较小的及局部截面较小的墙段。

(2) 墙段的抗震抗剪强度设计值

各类砌体沿阶梯形截面破坏的抗震抗剪强度设计值，应按下式确定：

$$f_{vE}=\zeta_N f_v \tag{5-15}$$

式中 f_{vE}——砌体沿阶梯形截面破坏的抗震抗剪强度设计值；

f_v——非抗震设计的砌体抗剪强度设计值；

ζ_N——砌体强度的正应力影响系数，可按表 5-7 确定。

表 5-7 **砌体强度的正应力影响系数**

砌体类别	σ_0/f_v							
	0	1.0	3.0	5.0	7.0	10.0	12.0	≥16.0
普通砖、多孔砖	0.80	0.99	1.25	1.47	1.65	1.90	2.05	—
小砌块	—	1.23	1.69	2.15	2.57	3.02	3.32	3.92

注：σ_0 为对应于重力荷载代表值的砌体截面的平均压应力。

(3) 墙段截面的抗震受剪承载力验算

① 对于普通砖、多孔砖墙体，其截面抗震受剪承载力应按式(5-16)进行验算：

$$V\leqslant\frac{f_{vE}A}{\gamma_{RE}} \tag{5-16}$$

式中 V——墙体(或墙段)地震剪力设计值，取为地震剪力标准值的 1.3 倍；

A——墙体(或墙段)的横截面面积，多孔砖取毛截面面积；

γ_{RE}——承载力抗震调整系数。

② 对于水平配筋普通砖、多孔砖墙体，其截面抗震受剪承载力应按式(5-17)进行验算：

$$V\leqslant\frac{f_{vE}A+\zeta_s f_{yh}A_{sh}}{\gamma_{RE}} \tag{5-17}$$

式中 f_{yh}——水平钢筋抗拉强度设计值；

A_{yh}——层间墙体竖向截面的总水平钢筋面积，其配筋率应不小于 0.07%且不大于 0.17%；

ζ_s——钢筋参与工作系数，可按表 5-8 确定。

表 5-8 **钢筋参与工作系数**

墙体高宽比	0.4	0.6	0.8	1.0	1.2
ζ_s	0.10	0.12	0.14	0.15	0.12

应该特别指出的是，当按式(5-16)、式(5-17)验算不满足要求时，可计入基本均匀设置于墙段中部、截面尺寸不小于 240 mm×240 mm(墙厚 190 mm 时为 240 mm×190 mm)且间距不大于 4 m

的构造柱对受剪承载力的提高作用，按下列简化方法验算：

$$V\leqslant\frac{\eta_c f_{vE}(A-A_c)+\zeta_c f_t A_c+0.08f_{yc}A_{sc}+\zeta_s f_{yh}A_{sh}}{\gamma_{RE}} \tag{5-18}$$

式中　A_c——中部构造柱的横截面总面积（对于横墙和内纵墙，$A_c>0.15A$ 时，取 $0.15A$；对于外纵墙，$A_c>0.25A$ 时，取 $0.25A$）。

f_t——中部构造柱的混凝土轴心抗拉强度设计值。

A_{sc}——中部构造柱的纵向钢筋截面总面积（配筋率不小于 0.6%，大于 1.4%时取 1.4%）。

f_{yh}，f_{yc}——墙体水平钢筋、构造柱钢筋抗拉强度设计值。

ζ_c——中部构造柱参与工作系数，居中设一根构造柱时，取 0.5；构造柱数量多于一根时，取 0.4。

η_c——墙体约束修正系数，一般情况取 1.0；构造柱间距不大于 3.0 m 时，取 1.1。

A_{sh}——层间墙体竖向截面的总水平钢筋面积，无水平钢筋时取 0。

③ 对于小砌块墙体，其截面抗震受剪承载力应按式(5-19)进行验算：

$$V\leqslant\frac{f_{vE}A+(0.3f_t A_c+0.05f_y A_s)\zeta_c}{\gamma_{RE}} \tag{5-19}$$

式中　f_t——芯柱混凝土轴心抗拉强度设计值；

A_c——芯柱截面总面积；

ζ_c——芯柱参与工作系数，可按表 5-9 采用。

表 5-9　**芯柱参与工作系数**

填孔率 ρ/%	$\rho<0.15$	$0.15\leqslant\rho<0.25$	$0.25\leqslant\rho<0.5$	$\rho\geqslant0.5$
ζ_c	0	1.0	1.10	1.15

注：1. 当同时设置芯柱和构造柱时，构造柱截面可作为芯柱截面，构造柱钢筋可作为芯柱钢筋；

2. 表中填孔率是指芯柱根数（含构造柱和填实孔洞数量）与孔洞总数之比。

5.4　砌体结构的抗震构造措施

对砌体房屋，抗震构造措施是结构设计的重要内容之一。抗震构造措施可以加强砌体结构的整体性，提高变形能力，特别是对防止结构在大震时倒塌具有重要意义。砌体结构的抗震构造措施主要有设置钢筋混凝土构造柱、设置钢筋混凝土芯柱、合理设置圈梁、加强楼梯间的构造、加强结构各部位的连接。

5.4.1　设置钢筋混凝土构造柱

钢筋混凝土构造柱的主要作用为：将砌体的受剪承载力提高 10%～30%，其提高幅度与墙体高宽比、竖向压力和开洞情况有关；约束墙体，使之具备较高的变形能力。

钢筋混凝土构造柱应当设置在震害较重、连接构造比较薄弱和应力易集中的部位。对于较长的纵、横墙，需通过构造柱来加强对墙体的约束和抗倒塌能力。

(1) 钢筋混凝土构造柱的设置部位

多层砖砌体房屋应按下列要求设置现浇钢筋混凝土构造柱：

① 钢筋混凝土构造柱设置部位，一般情况下应符合表 5-10 的要求。

② 外廊式和单面走廊式的多层房屋，应根据房屋增加一层后的层数，按表 5-10 的要求设置钢

筋混凝土构造柱，且单面走廊两侧的纵墙均应按外墙处理。

③ 横墙较少的房屋，应根据房屋增加一层后的层数，按表 5-10 的要求设置钢筋混凝土构造柱；当横墙较少的房屋为外廊式或单面走廊式时，应按②的要求设置钢筋混凝土构造柱；但抗震设防烈度为 6 度不超过四层、抗震设防烈度为 7 度不超过三层和抗震设防烈度为 8 度不超过二层时，应按增加二层后的层数对待。

④ 各层横墙很少的房屋，应按增加二层后的层数设置构造柱。

⑤ 采用蒸压灰砂砖和蒸压粉煤灰砖的砌体房屋，当砌体的抗剪强度仅达到普通黏土砖砌体的 70％时，应根据增加一层后的层数按①～④的要求设置钢筋混凝土构造柱；但抗震设防烈度为 6 度不超过四层、抗震设防烈度为 7 度不超过三层和抗震设防烈度为 8 度不超过二层时，应按增加二层后的层数对待。

表 5-10　　**多层砖砌体房屋构造柱设置要求**

<table>
<tr><th colspan="4">抗震设防烈度与房屋层数</th><th colspan="2" rowspan="2">设置部位</th></tr>
<tr><th>6 度</th><th>7 度</th><th>8 度</th><th>9 度</th></tr>
<tr><td>4、5</td><td>3、4</td><td>2、3</td><td></td><td rowspan="3">楼、电梯间四角，楼梯斜梯段上下端对应的墙体处；
外墙四角和对应转角；
错层部位横墙与外纵墙交接处；
大房间内外墙交接处；
较大洞口两侧</td><td>隔 12 m 或单元横墙与外纵墙交接处；
楼梯间对应的另一侧内横墙与外纵墙交接处</td></tr>
<tr><td>6</td><td>5</td><td>4</td><td>3</td><td>隔开间横墙（轴线）与外墙交接处；
山墙与内纵墙交接处</td></tr>
<tr><td>7</td><td>≥6</td><td>≥5</td><td>≥3</td><td>内墙（轴线）与外墙交接处；
内横墙的局部较小墙垛处；
内纵墙与横墙（轴线）交接处</td></tr>
</table>

注：较大洞口指不小于 2.1 m 的洞口；外墙在内外墙交接处已设置构造柱时允许适当放宽，但洞侧墙体应加强。

（2）构造柱的构造要求

多层砖砌体房屋的构造柱应符合下列构造要求：

① 构造柱最小截面尺寸可采用 180 mm×240 mm（墙厚 190 mm 时为 180 mm×190 mm），纵向钢筋宜采用 4ϕ12，箍筋间距不宜大于 250 mm，且在柱上下端应适当加密；抗震设防烈度为 6、7 度时超过六层，抗震设防烈度为 8 度时超过五层和抗震设防烈度为 9 度时，构造柱纵向钢筋宜采用 4ϕ14，箍筋间距不应大于 200 mm；房屋四角的构造柱应适当加大截面及配筋。

② 构造柱与墙连接处应砌成马牙槎，沿墙高每隔 500 mm 设由 2ϕ6 水平钢筋和 ϕ4 分布短筋在平面内点焊组成的拉结网片或 ϕ4 点焊钢筋网片，每边伸入墙内不宜小于 1 m。抗震设防烈度为 6、7 度时底部 1/3 楼层，抗震设防烈度为 8 度时底部 1/2 楼层，抗震设防烈度为 9 度时全部楼层，上述拉结钢筋网片应沿墙体水平通长设置，如图 5-9 所示。

③ 构造柱与圈梁连接处，构造柱的纵筋应在圈梁纵筋内侧穿过，保证构造柱纵筋上下贯通。

④ 构造柱可不单独设置基础，但应伸入室外地面以下 500 mm，或与埋深小于 500 mm 的基础圈梁相连，如图 5-10 所示。

⑤ 当房屋高度和层数接近表 5-1 中限值时，横墙内的构造柱间距不宜大于层高的 2 倍；下部 1/3 楼层的构造柱间距适当减小；当外纵墙开间大于 3.9 m 时，应另采取加强措施；内纵墙的构造柱间距不宜大于 4.2 m。

应该特别指出的是，由于钢筋混凝土构造柱的作用主要在于对墙体的约束，构造上截面不必很

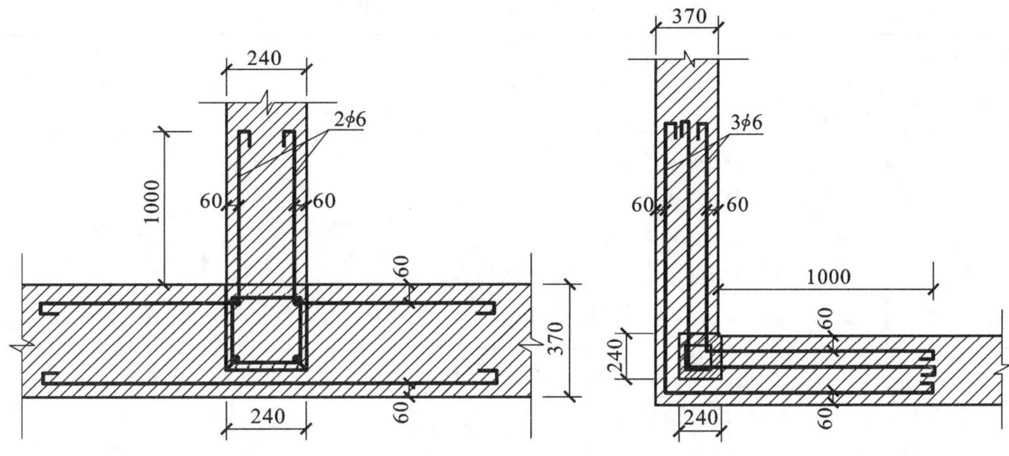

图 5-9 构造柱和墙体的连接

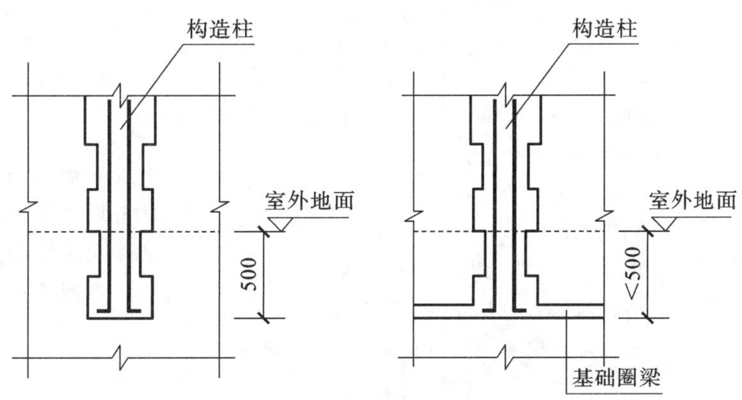

图 5-10 构造柱和基础圈梁的连接

大，但需与各层纵、横墙的圈梁或现浇楼板连接，才能发挥约束作用。为保证钢筋混凝土构造柱的施工质量，其须有外露面，一般利用马牙槎外露即可。

5.4.2 设置钢筋混凝土芯柱

为了增强混凝土砌块房屋的整体性和延性，提高其抗倒塌能力，可在墙体规定部位将砌块竖孔浇筑成钢筋混凝土芯柱。

(1) 钢筋混凝土芯柱的设置部位

混凝土小砌块房屋芯柱的设置部位见表 5-11。对外廊式和单面走廊式的多层房屋、横墙较少的房屋、各层横墙很少的房屋，应满足其对应的增加层数要求，增加层数与构造柱的规定相同。

(2) 钢筋混凝土芯柱的构造要求

多层小砌块房屋的芯柱应符合下列构造要求：

① 多层小砌块房屋的芯柱截面尺寸不宜小于 120 mm×120 mm，芯柱的混凝土强度等级不应低于 Cb20。

② 钢筋混凝土芯柱的竖向插筋应贯通墙身且与圈梁连接。插筋不应小于 1ϕ12；抗震设防烈度为 6、7 度时超过五层，抗震设防烈度为 8 度时超过四层和抗震设防烈度为 9 度时，插筋不应小于 1ϕ14。

表 5-11　**多层小砌块房屋芯柱设置要求**

<table>
<tr><th colspan="4">抗震设防烈度与房屋层数</th><th rowspan="2">设置部位</th><th rowspan="2">设置数量</th></tr>
<tr><th>6 度</th><th>7 度</th><th>8 度</th><th>9 度</th></tr>
<tr><td>4、5</td><td>3、4</td><td>2、3</td><td></td><td>外墙转角，楼、电梯间四角，楼梯斜梯段上下端对应的墙体处；
大房间内外墙交接处；
错层部位横墙与外纵墙交接处；
隔 12 m 或单元横墙与外纵墙交接处</td><td rowspan="2">外墙转角，灌实 3 个孔；
内外墙交接处，灌实 4 个孔；
楼梯斜梯段上下端对应的墙体处，灌实 2 个孔</td></tr>
<tr><td>6</td><td>5</td><td>4</td><td></td><td>外墙转角，楼、电梯间四角，楼梯斜梯段上下端对应的墙体处；
大房间内外墙交接处；
错层部位横墙与外纵墙交接处；
隔 12 m 或单元横墙与外纵墙交接处；
隔开间横墙(轴线)与外纵墙交接处</td></tr>
<tr><td>7</td><td>6</td><td>5</td><td>2</td><td>外墙转角，楼、电梯间四角，楼梯斜梯段上下端对应的墙体处；
大房间内外墙交接处；
错层部位横墙与外纵墙交接处；
隔 12 m 或单元横墙与外纵墙交接处；
各内墙(轴线)与外纵墙交接处；
内纵墙与横墙(轴线)交接处和洞口两侧</td><td>外墙转角，灌实 5 个孔；
内外墙交接处，灌实 4 个孔；
内墙交接处，灌实 4～5 个孔；
洞口两侧各灌实 1 个孔</td></tr>
<tr><td></td><td>7</td><td>≥6</td><td>≥3</td><td>外墙转角，楼、电梯间四角，楼梯斜梯段上下端对应的墙体处；
大房间内外墙交接处；
错层部位横墙与外纵墙交接处；
隔 12 m 或单元横墙与外纵墙交接处；
横墙内芯柱间距不大于 2 m</td><td>外墙转角，灌实 7 个孔；
内外墙交接处，灌实 5 个孔；
内墙交接处，灌实 4～5 个孔；
洞口两侧各灌实 1 个孔</td></tr>
</table>

注：外墙转角，内外墙交接处，楼、电梯间四角等部位，应允许采用钢筋混凝土构造柱代替部分芯柱。

③ 钢筋混凝土芯柱应伸入室外地面以下 500 mm 或与埋深小于 500 mm 的基础圈梁相连。

④ 为提高墙体抗震受剪承载力而设置的钢筋混凝土芯柱，宜在墙体内均匀布置，最大净距不宜大于 2.0 m。

⑤ 多层小砌块房屋墙体交接处或钢筋混凝土芯柱与墙体连接处应设置拉结钢筋网片，网片可采用直径为 4 mm 的钢筋点焊而成，沿墙高间距不大于 600 mm，并应沿墙体水平通长设置。抗震设防烈度为 6、7 度时底部 1/3 楼层，抗震设防烈度为 8 度时底部 1/2 楼层，抗震设防烈度为 9 度时全部楼层，上述拉结钢筋网片沿墙高间距不大于 400 mm。

需要特别注意的是，在墙体交接处用钢筋混凝土构造柱代替芯柱，可较大程度地提高对砌块砌体的约束能力，同时也为施工带来方便。小砌块房屋中钢筋混凝土构造柱替代芯柱的构造要求如表 5-12 所示。

表 5-12 **小砌块房屋中钢筋混凝土构造柱替代芯柱的构造要求**

<table>
<tr><th>序号</th><th>项目</th><th colspan="4">内容</th></tr>
<tr><td>1</td><td>构造柱截面</td><td colspan="4">≥190 mm×190 mm</td></tr>
<tr><td rowspan="4">2</td><td rowspan="4">构造柱纵筋</td><td colspan="4">$4\phi12$</td></tr>
<tr><td colspan="3">抗震设防烈度为 6、7 度时超过五层</td><td rowspan="3">$4\phi14$</td></tr>
<tr><td colspan="3">抗震设防烈度为 8 度时超过四层</td></tr>
<tr><td colspan="3">抗震设防烈度为 9 度时</td></tr>
<tr><td rowspan="4">3</td><td rowspan="4">构造柱箍筋间距</td><td colspan="4">≤250 mm</td></tr>
<tr><td colspan="3">抗震设防烈度为 6、7 度时超过五层</td><td rowspan="3">≤200 mm</td></tr>
<tr><td colspan="3">抗震设防烈度为 8 度时超过四层</td></tr>
<tr><td colspan="3">抗震设防烈度为 9 度时</td></tr>
<tr><td rowspan="8">4</td><td rowspan="8">构造柱与砌块墙连接处</td><td colspan="4">应砌成马牙槎</td></tr>
<tr><td colspan="2" rowspan="3">与构造柱相邻的砌块孔洞</td><td colspan="2">抗震设防烈度为 6 度时宜填实</td></tr>
<tr><td colspan="2">抗震设防烈度为 7 度时应填实</td></tr>
<tr><td colspan="2">抗震设防烈度为 8、9 度时应填实并插筋</td></tr>
<tr><td rowspan="4">直径为 4 mm 的钢筋点焊成的拉结钢筋网片</td><td colspan="3">在构造柱与砌块墙之间沿墙高每隔 600 mm,并应沿墙体水平通长设置</td></tr>
<tr><td colspan="2">抗震设防烈度为 6、7 度时底部 1/3 楼层</td><td rowspan="3">沿墙高间距不大于 400 mm</td></tr>
<tr><td colspan="2">抗震设防烈度为 8 度时底部 1/2 楼层</td></tr>
<tr><td colspan="2">抗震设防烈度为 9 度时全部楼层</td></tr>
<tr><td>5</td><td>构造柱与圈梁连接处</td><td colspan="4">构造柱纵筋上下贯通</td></tr>
<tr><td>6</td><td>构造柱基础</td><td colspan="4">构造柱可不单独设置基础,但应伸入室外地面以下 500 mm,或与埋深小于 500 mm 的基础圈梁相连</td></tr>
</table>

5.4.3 合理设置圈梁

钢筋混凝土圈梁的主要作用为:增强纵横墙体的连接,加强整个房屋的整体性;圈梁可箍住楼盖,增强其整体刚度;减小墙体的自由长度,增强墙体的稳定性;可提高房屋的抗剪强度,约束墙体裂缝的开展;抵抗地基不均匀沉降,减小构造柱计算长度。

(1) 圈梁的设置部位

多层砖砌体房屋的现浇钢筋混凝土圈梁设置应符合下列要求:

① 装配式钢筋混凝土楼、屋盖或木屋盖的砖房,应按表 5-13 的要求设置圈梁;纵墙承重时,抗震横墙上的圈梁间距应比表内要求适当加密。

② 现浇或装配整体式钢筋混凝土楼、屋盖与墙体有可靠连接的房屋,应允许不另设圈梁,但楼板沿抗震墙体周边均应加强配筋,并与相应的构造柱钢筋可靠连接。

(2) 圈梁的构造要求

多层砖砌体房屋现浇钢筋混凝土圈梁的构造应符合下列要求。

① 圈梁应闭合,遇有洞口圈梁应上下搭接。圈梁宜与预制板设在同一标高处或紧靠板底。

② 圈梁在表 5-13 要求的间距内无横墙时，应利用梁或板缝中配筋替代圈梁。

③ 圈梁的截面高度不应小于 120 mm，配筋应符合表 5-14 的要求；为增强基础整体性和刚度而设置的基础圈梁，其截面高度不应小于 180 mm，配筋不应少于 4ϕ12。

表 5-13　**多层砖砌体房屋现浇钢筋混凝土圈梁设置要求**

墙类	抗震设防烈度		
	6、7 度	8 度	9 度
外墙和内纵墙	屋盖处及每层楼盖处	屋盖处及每层楼盖处	屋盖处及每层楼盖处
内横墙	屋盖处及每层楼盖处； 屋盖处间距不应大于 4.5 m； 楼盖处间距不应大于 7.2 m； 构造柱对应部位	屋盖处及每层楼盖处； 各层所有横墙，且间距不应大于 4.5 m； 构造柱对应部位	屋盖处及每层楼盖处； 各层所有横墙

表 5-14　**多层砖砌体房屋圈梁配筋要求**

配筋	抗震设防烈度		
	6、7 度	8 度	9 度
最小纵筋	4ϕ10	4ϕ12	4ϕ14
箍筋最大间距/mm	250	200	150

需要特别指出的是，多层小砌块房屋的现浇钢筋混凝土圈梁的设置位置与多层砖砌体房屋现浇钢筋混凝土圈梁的要求相同。圈梁宽度不应小于 190 mm，配筋不应少于 4ϕ12，箍筋间距不应大于 200 mm。

5.4.4　加强楼梯间的构造措施

历次地震震害调查资料表明，楼梯间是砌体结构中受到地震作用较大且抗震较为薄弱的部分，当楼梯间设置于房屋端部时震害更严重。因此，楼梯间在构造措施上需要特别加强。

① 顶层楼梯间墙体应沿墙高方向每隔 500 mm 设由 2ϕ6 通长钢筋和 ϕ4 分布短钢筋在平面内点焊组成的拉结网片或 ϕ4 点焊网片；7～9 度时，其他各层楼梯间墙体应在休息平台或楼层半高处设置 60 mm 厚、纵向钢筋不应少于 2ϕ10 的钢筋混凝土带或配筋砖带，配筋砖带不少于 3 皮，每皮的配筋不少于 2ϕ6，砂浆强度等级不应低于 M7.5 且不低于同层墙体的砂浆强度等级。

② 楼梯间及门厅内墙阳角处的大梁支承长度不应小于 500 mm，并应与圈梁连接。

③ 装配式楼梯段应与平台板的梁可靠连接，抗震设防烈度为 8、9 度时不应采用装配式楼梯段，不应采用墙中悬挑式踏步或踏步竖肋插入墙体的楼梯，还不应采用无筋砖砌栏板。

④ 突出屋顶的楼、电梯间，构造柱应伸到顶部，并与顶部圈梁连接，所有墙体应沿墙高方向每隔 500 mm设由 2ϕ6 通长钢筋和 ϕ4 分布短筋在平面内点焊组成的拉结网片或 ϕ4 点焊网片。

5.4.5　加强结构各部位的连接

① 多层砖砌体房屋的楼、屋盖应符合下列要求：

a. 现浇钢筋混凝土楼板或屋面板伸进纵、横墙内的长度，均不应小于 120 mm。

b. 装配式钢筋混凝土楼板或屋面板，当圈梁未设在板的同一标高处时，板端伸进外墙的长度不应小于 120 mm，伸进内墙的长度不应小于 100 mm 或采用硬架支模连接，在梁上不应小于 80 mm或采用硬架支模连接。

c. 当板的跨度大于 4.8 m 并与外墙平行时，靠外墙的预制板侧边应与墙或圈梁拉结。

d. 房屋端部大房间的楼盖，抗震设防烈度为 6 度时房屋的屋盖和抗震设防烈度为 7～9 度时房屋的楼、屋盖，当圈梁设在板底时，钢筋混凝土预制板应相互拉结，并应与梁、墙或圈梁拉结。

② 楼、屋盖的钢筋混凝土梁或屋架应与墙、柱（包括构造柱）或圈梁可靠连接；不得采用独立砖柱。跨度不小于 6 m 大梁的支承构件应采取组合砌体等加强措施，并满足承载力要求。

③ 抗震设防烈度为 6、7 度时长度大于 7.2 m 的大房间，以及抗震设防烈度为 8、9 度时外墙转角及内外墙交接处，应沿墙高方向每隔 500 mm 配置 2ϕ6 的通长钢筋和 ϕ4 分布短筋在平面内点焊组成的拉结网片或 ϕ4 点焊网片。

④ 坡屋顶房屋的屋架应与顶层圈梁可靠连接，檩条或屋面板应与墙、屋架可靠连接，房屋出入口处的檐口瓦应与屋面构件锚固。

本章小结

(1) 多层砌体房屋的概念设计主要包括建筑布置、结构体系的选择、整体尺寸与局部尺寸的限值等。

(2) 多层砌体房屋在抗震计算时一般只考虑水平地震作用。由于多层砌体房屋整体的刚度较大，在地震作用下结构的变形主要为剪切型，故可采用底部剪力法计算其地震作用。

(3) 楼层水平地震剪力在同一层各墙体间的分配主要取决于楼盖、屋盖的水平刚度及各墙体的侧移刚度。

(4) 多层砌体房屋可只选择纵、横向的不利墙段进行截面抗震承载力的验算，其中，不利墙段指的是承担地震剪力较大的、竖向压应力较小的，以及局部截面较小的墙段。

思考题与习题

5-1　在地震作用下，多层砌体房屋的震害主要表现在哪些方面？产生的原因分别是什么？

5-2　多层砌体房屋在抗震设计中，除进行抗震承载力的验算外，为何还要注意概念设计及抗震构造措施的处理？

5-3　多层砌体房屋的计算简图如何选取？地震作用如何确定？楼层地震剪力在墙体间如何分配？墙体的抗震承载力如何验算？

5-4　多层砌体房屋楼层地震剪力在墙体间分配的原则是什么？

5-5　楼梯间不宜设置在房屋两端和转角处的原因是什么？

5-6　设置圈梁和构造柱的目的是什么？

5-7　限制最大抗震横墙间距的因素是什么？

6 隔震与消能减震及非结构构件抗震设计

【内容提要】

本章的主要内容包括：结构隔震的基本原理及应用，基础隔震结构设计的主要方法，消能减震的设计原理及方法。

【能力要求】

通过本章的学习，学生应了解结构隔震的特点和消能减震的工作原理；熟悉基础隔震的主要形式及其相关设计方法，以及消能减震的设计流程。

6.1 结构隔震及减震概述

前几章讲述的关于结构抗震设计的理论、方法和措施，均建立在提高结构和构件的抗震承载能力和变形能力的基础上，属于单纯的"抗"，即属于传统抗震方法，是一种消极设计方法。传统抗震方法存在的问题主要包括以下方面。

(1) 结构的安全性难以保证

传统抗震方法以既定的抗震设防烈度作为设计依据，由于地震的随机性，建筑结构的破损程度及倒塌的可能性难以控制，当发生突发性超烈度地震时，房屋可能会严重破坏。

(2) 建筑费用和成本大幅度增加

传统抗震方法是在设计时提高材料强度、加大结构刚度，其结果是截面增大，刚度增大，使用面积减小，建筑物自重增大，地震作用也随之增强。

(3) 适用范围受到限制

传统抗震方法采用的是延性结构体系，允许结构部件在强震时发生比较大的塑性变形，以消耗地震能量，减轻地震反应。这种方法对于某些不容许在地震中发生破坏的结构或内部有贵重装饰、重要仪器设备的结构是不适用的。

为了追求抗震性能更为卓越的建筑，专家学者们提出了新的设计思路，就是隔震与减震。其中，隔震指的是通过某种隔离装置将地震动与结构隔开，以达到减小结构振动的目的。根据隔震层位置的不同，隔震方法主要包括基础隔震、地下室隔震和楼层隔震等类型。减震是指通过一定的耗能装置吸收或消耗地震传递给主体结构的能量，从而减小结构的振动。减震方法主要包括消能减震、吸振减震、冲击减震等类型。

6.2 基 础 隔 震

6.2.1 基础隔震原理

基础隔震指的是在基础与上部结构间设置隔震装置，将上部结构与基础隔离开，以避免或减少地震能量向上部结构传输，从而减小建筑物的地震反应。基础隔震的力学模型如图 6-1 所示，传统抗震结构与隔震结构的地震反应对比如图 6-2 所示。

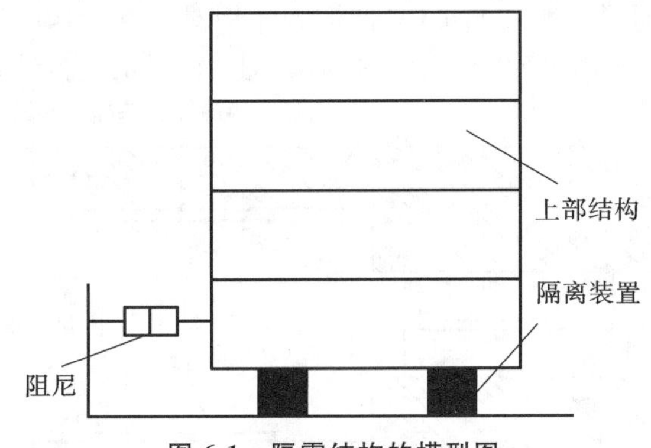

图 6-1　隔震结构的模型图

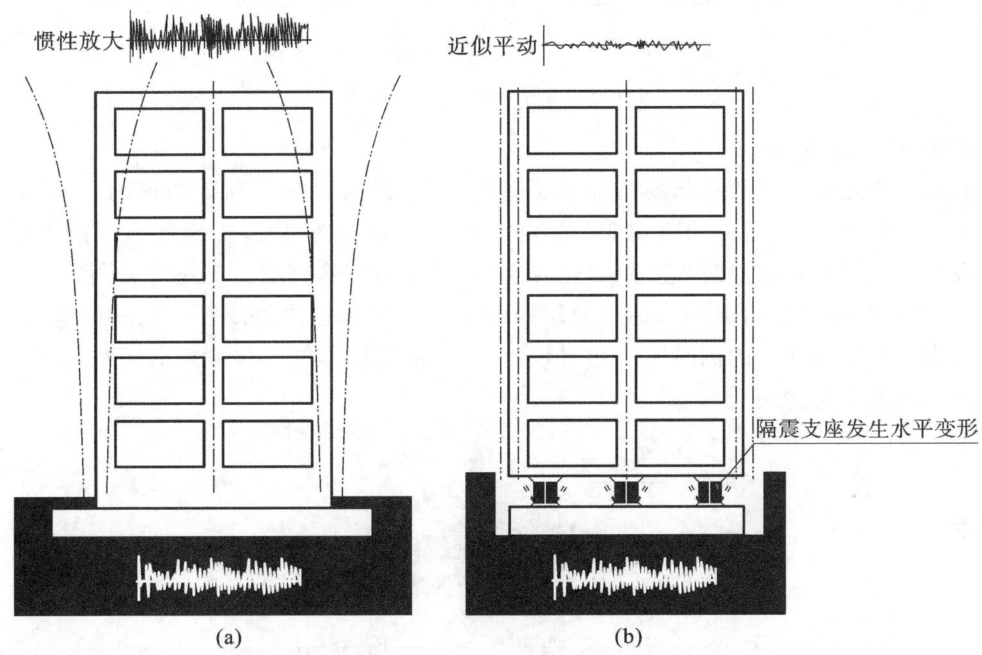

图 6-2　传统抗震结构与隔震结构的地震反应对比

(a) 传统抗震结构地震时的建筑物反应；(b) 隔震结构地震时的建筑物反应

需要特别注意的是，为了达到明显减震的效果，隔震系统需具备以下四种特性。

① 承载特性：具有足够的竖向强度和刚度，以支撑上部结构的荷载。

② 隔震特性：具有足够的水平初始刚度，在风荷载和小震作用下，体系能保持在弹性变形范围内，满足正常使用的要求。

③ 复位特性：地震后，上部结构能恢复初始状态，满足正常的使用要求。

④ 耗能特性：隔震系统本身具有较大的阻尼，地震时能耗散足够的能量，从而降低上部结构所吸收的地震能量。

6.2.2　常用的基础隔震方法

(1) 滑移隔震

滑移隔震是在基础与上部结构间铺设一层低摩擦系数材料（石墨、砂、滑石粉或特制金属板等),如图 6-3 所示。由于基础和上部结构的断开及摩擦材料的摩擦系数很小,基础和上部结构间可以发生较大的相对滑动,从而消耗地震能量,降低地震作用对上部结构的破坏。但是,这种隔震结构在地震过程中使上部结构和基础间产生很大位移,需要配合简易的复位装置,才有很好的应用前景。

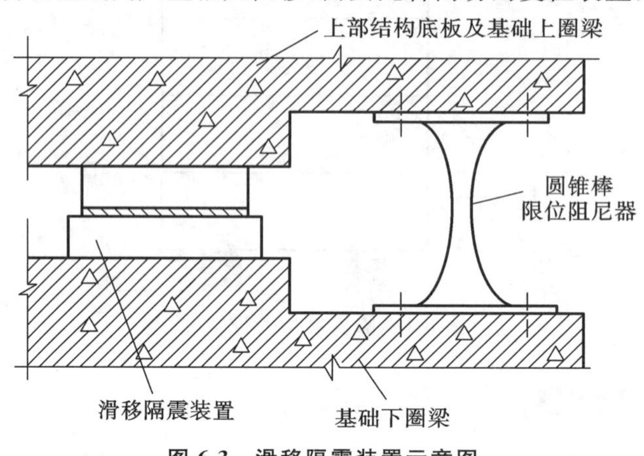

图 6-3　滑移隔震装置示意图

(2) 橡胶隔震支座隔震

橡胶隔震支座是由薄橡胶片与薄钢板分层交替叠合,经高温硫化黏结而成的。薄钢板可限制橡胶片的横向变形,但对橡胶片的剪切变形影响很小。因此,橡胶隔震支座的竖向刚度很大,而水平刚度却很小。根据对橡胶隔震支座阻尼比要求的不同,目前橡胶隔震支座可分为以下 3 种:

① 标准叠层橡胶支座(MRB)。标准叠层橡胶支座是用天然橡胶或氯丁橡胶制造的,如图 6-4 所示。这种支座具有高弹性的同时阻尼相对较小,为了满足隔震结构体系对其阻尼值的要求,通常将其与外加阻尼器一起并用。

图 6-4　标准叠层橡胶支座

② 铅芯叠层橡胶支座(LRB)。铅芯叠层橡胶支座是在标准叠层橡胶支座中心嵌入铅棒制造而成的,铅棒可以提高支座大变形时的吸能能力,如图 6-5 所示。铅芯叠层橡胶支座由于集隔震器与阻尼器于一身,因而可以单独使用。

图 6-5　铅芯叠层橡胶支座

③ 高阻尼叠层橡胶支座(HD-MRB)。高阻尼叠层橡胶支座采用高阻尼橡胶材料制造。高阻尼橡胶材料可以通过在天然橡胶配方中加入石墨之类的碳元素物质得到,其阻尼比可根据石墨加入量来进行调节,一般可达10%～15%。

应该特别指出的是,在诸多隔震系统中,橡胶隔震支座是世界上研究和应用的主流。

(3) 滚珠及滚轴隔震

将用高强度合金制成的滚珠或滚轴涂以防锈或润滑涂层后置于上部结构与基础之间,当有地震作用时,滚珠或滚轴可以滚动,以此达到隔震目的,如图6-6所示。滚轴隔震时通常做成上、下两层彼此垂直的滚轴,以保证能在两个方向上滚动。滚珠或滚轴能把地面运动几乎全部隔开,具有明显的隔震效果。但这类装置也存在以下缺点:

① 滚轴或滚珠在常年压力作用下会发生变形,这可能导致地震来临时其不能发生理想的滚动,使隔震效果下降;

② 不能隔离竖向地震作用;

③ 复位能力有限,需配合限位、复位装置共同使用。

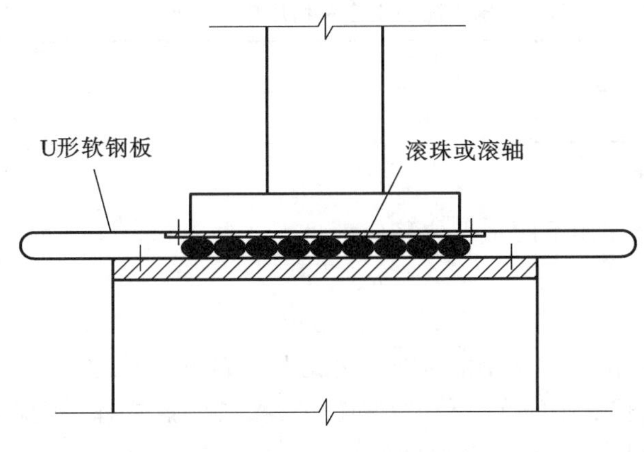

图6-6　滚珠及滚轴隔震示意图

6.2.3　基础隔震结构设计

(1) 隔震技术的适用范围

① 隔震技术主要适用于自振周期比较短的建筑结构,采用隔震技术的结构宜符合下列要求:结构形体基本规则;结构高度不超过40 m、以剪切变形为主,以及结构近似于单质点体系;结构基本周期小于1.0 s。

② 隔震建筑的场地条件和地基基础应符合下列要求:建筑场地宜为Ⅰ、Ⅱ、Ⅲ类场地;宜选择对抗震有利地段作为隔震结构的场地,避开不利地段,当无法避开时应采取有效措施;隔震结构的地基应稳定、可靠;隔震建筑应选用稳定性较好的基础类型。

③ 隔震建筑的风荷载和其他非地震作用的水平荷载标准值产生的总水平力不宜超过结构总重力的10%。

④ 基础隔震层的位置应设置在建筑物第一层以下。当位于第一层以上时,隔震层以下结构的设计计算会更复杂,需作专门研究。

⑤ 当隔震结构不满足上述要求时,应进行详细的结构分析并采取可靠的措施。对于甲类建筑及形体复杂或有特殊要求的隔震结构,其隔震方案宜采取模拟地震振动台试验进行确定。

(2) 计算分析模型

隔震结构的动力分析模型可根据具体情况采用单质点模型、多质点模型或空间模型。对基础隔震体系,其上部结构的层间侧移刚度通常远大于隔震层的水平刚度,因此可近似地将上部结构看作一个刚体,将隔震结构简化为单质点模型进行分析。

(3) 隔震层上部结构的抗震计算

一般情况下,采用底部剪力法计算隔震层上部结构的水平地震作用,但应对反应谱曲线的水平地震影响系数最大值进行折减,即乘以水平向减震系数;由于隔震支座并不隔离竖向地震作用,因此,竖向地震影响系数最大值不应折减。

(4) 隔震层的设计与计算

① 隔震层受压承载力验算。

橡胶隔震支座设计的关键是合理确定隔震支座承受的应力,《建筑抗震设计规范》(GB 50011—2010)规定:橡胶隔震支座在重力荷载代表值作用下,竖向平均压应力设计值不应超过表 6-1 的规定值;在罕遇地震的水平和竖向地震共同作用下,不宜出现拉应力。

表 6-1 **橡胶隔震支座平均压应力限值**

建筑类别	甲类	乙类	丙类
平均压应力限值/MPa	10	12	15

② 水平位移验算。

隔震支座在罕遇地震作用下的水平位移应满足下式要求:

$$u_i \leqslant [u_i] \tag{6-1}$$

$$u_i = \beta_i u_c \tag{6-2}$$

式中 u_i——罕遇地震作用下,第 i 个隔震支座考虑扭转的水平位移。

$[u_i]$——第 i 个隔震支座的水平位移限值。对橡胶隔震支座,不应超过该支座有效直径的 55%和支座内部橡胶总厚度的 3.0 倍中的较小值。

u_c——罕遇地震作用下隔震层质心处或不考虑扭转的水平位移。

β_i——第 i 个隔震支座的扭转影响系数。

(5) 隔震层以下的结构和地基基础

隔震建筑地基基础的抗震验算和地基处理仍应根据本地区抗震设防烈度进行,甲、乙类建筑宜全部消除液化沉陷。当非隔震房屋符合《建筑抗震设计规范》(GB 50011—2010)规定的地基和基础不进行抗震验算的范围时,隔震房屋的地基和基础可不进行抗震验算。隔震层以下结构(包括柱子、墙体、地下室),应采用罕遇地震作用下隔震支座底部的竖向力、水平力和力矩进行承载力验算。

6.2.4 隔震结构构造要求

(1) 上部结构的构造措施

为了不影响隔震层在罕遇地震作用下发生大变形,隔震层以上结构应采取下列构造措施:

① 上部结构的周边应设置防震缝,缝宽不宜小于各隔震支座在罕遇地震作用下最大水平位移值的 1.2 倍。

② 上部结构(包括与其相连的任何构件)与地面(包括地下室和与其相连的构件)之间,宜设置明确的水平隔离缝;当设置水平隔离缝确有困难时,应设置可靠的水平滑移垫层。

③ 走廊、楼梯、电梯等部位,应无任何障碍物。

(2) 连接的构造措施

隔震层与上部结构的连接应符合下列规定：

① 隔震层顶部的梁板式楼盖，应采用现浇或装配整体式混凝土板。其中，现浇板的厚度不宜小于 160 mm，配筋现浇面层厚度不应小于 50 mm。隔震支座上方的纵、横梁应采用现浇钢筋混凝土结构。

② 隔震层顶部梁、板的刚度和承载力，宜大于一般楼盖梁、板的刚度和承载力。

③ 隔震支座附近的梁、柱应计算冲切和局部承压，并加密箍筋且根据需要配置网状钢筋。

(3) 支座的构造措施

隔震支座的构造措施应符合下列要求：

① 隔震支座应安装在便于维护人员接近的部位。

② 隔震支座与上部结构、基础结构之间的连接件，应能传递罕遇地震作用下支座的最大水平剪力。

③ 抗震墙下隔震支座的间距不宜大于 2.0 m。

④ 外露的预埋件应有可靠的防锈措施，预埋件的锚固钢筋应与钢板牢固连接，锚固长度宜大于锚固钢筋直径的 20 倍，且不应小于 250 mm。

⑤ 隔震层周边应留出一定的净距，如图 6-7 所示；在建筑物可移动范围内应设置隔震空间，如图 6-8 所示。

⑥ 穿过隔震层的设备管、配线应采用柔性连接；采用钢筋或刚架接地的避雷设备，应设置跨越隔震层的接地配线。

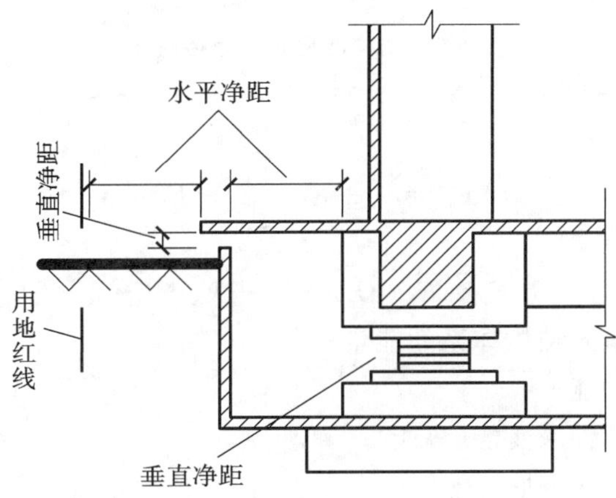

图 6-7　隔震层周边的净距

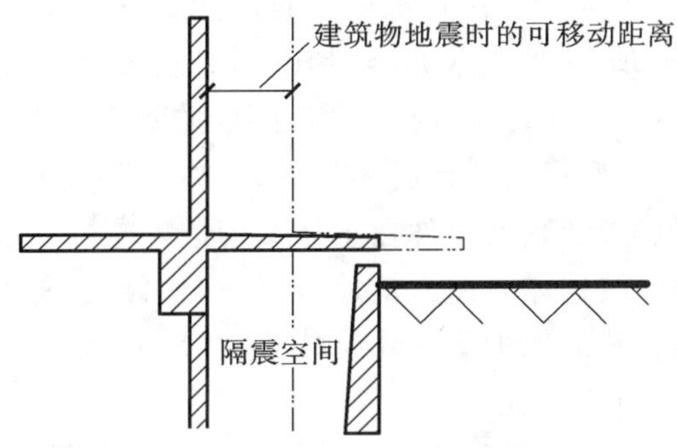

图 6-8　建筑物可移动范围内设置隔震空间剖面图

6.3 消能减震的设计原理及方法

6.3.1 消能减震的设计原理

结构消能减震技术是在结构的抗侧力构件中设置消能部件，当结构承受地震作用时，消能部件产生弹塑性滞回变形，吸收并消耗地震输入结构中的能量，以减少主体结构的地震响应，从而避免结构的破坏或倒塌，达到减震的目的。

消能减震的设计原理可以从能量的角度来描述，如图 6-9 所示，结构在地震中任意时刻的能量方程如下。

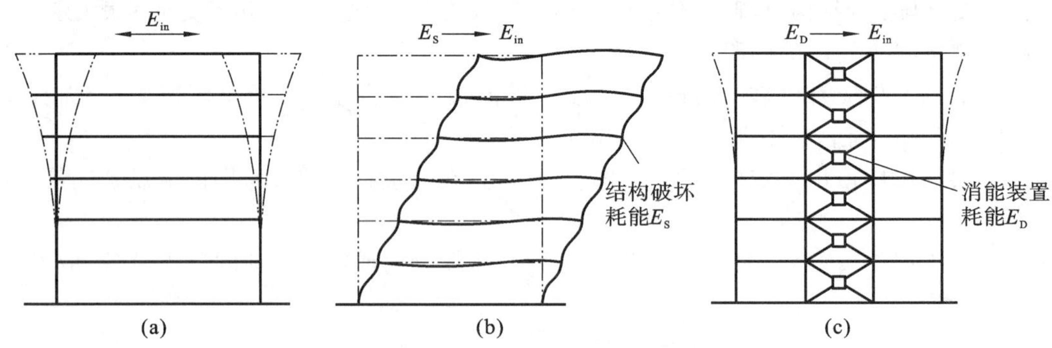

图 6-9 结构能量转换途径对比

(a) 地震输入；(b) 传统抗震结构；(c) 消能减震结构

传统抗震结构：

$$E_{in}=E_V+E_K+E_C+E_S \tag{6-3}$$

消能减震结构：

$$E_{in}=E_V+E_K+E_C+E_S+E_D \tag{6-4}$$

式中 E_{in}——地震过程中输入结构体系的能量；

E_V——结构体系的动能；

E_K——结构体系的弹性应变能(势能)；

E_C——结构体系本身的阻尼耗能；

E_S——结构构件的弹塑性变形(或损坏)消耗的能量；

E_D——消能(阻尼)装置或耗能元件耗散或吸收的能量。

在上述能量方程中，E_V 和 E_K 之间仅仅是能量转换，结构不产生耗能。E_C 只占总能量的很小一部分(5%左右)，可以忽略不计。在传统的抗震结构中，主要依靠 E_S 消耗输入结构的地震能量。但结构构件在利用其自身弹塑性变形消耗地震能量的同时，构件本身将遭受损伤甚至破坏。而在消能减震结构体系中，消能(阻尼)装置或元件在主体结构进入塑性状态前首先进入耗能工作状态，充分发挥耗能作用，消耗掉输入结构体系的大量地震能量，使结构本身需消耗的能量很少，这意味着结构反应将大大减小，从而有效地保护了主体结构，使其不再受到损伤或破坏。试验表明，消能装置可消耗地震总输入能量的 90%以上。

因为消能减震结构具有减震机理明确、减震效果显著、安全可靠、经济合理等诸多优势，所以被广泛应用于下列结构：

① 高层建筑、超高层建筑；
② 高柔结构、高耸塔架；
③ 大跨度桥梁；
④ 柔性管道、管线(生命线工程)；
⑤ 旧有高柔建筑或结构物抗震(或抗风)性能的改善与提高。

6.3.2 消能减震的方法

消能减震装置的种类很多，根据消能机制的不同可分为摩擦消能器、金属弹塑性消能器、黏弹性消能器和黏滞流体消能器等；根据消能器消能的依赖性不同可分为速度相关型和位移相关型等。

(1) 摩擦消能器

摩擦消能器是根据摩擦做功而耗散能量的原理而设计的。图 6-10 所示为广泛应用的 Pall 摩擦消能器的构造示意图。Pall 摩擦消能器由摩擦滑动节点和四根链杆组成。其中，摩擦滑动节点由两块带有长孔的钢板通过高强度螺栓连接而成，钢板之间可夹设摩擦材料或对接触面作摩擦处理来调节摩擦系数，并通过松紧节点来调节钢板间的摩擦力；四周的链杆起连接和协调变形的作用。

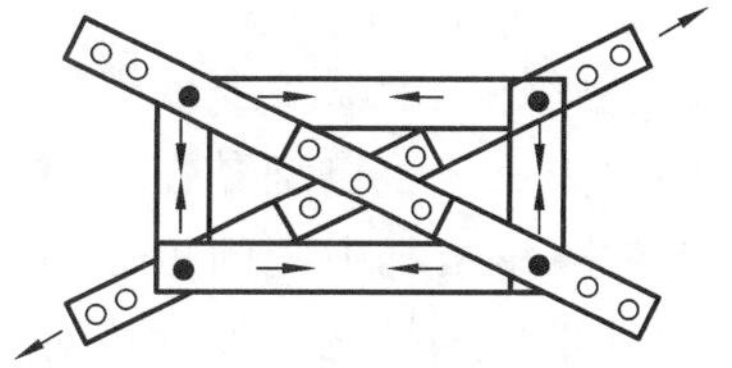

图 6-10 Pall 摩擦消能器的构造示意图

在风荷载和小震作用下，摩擦消能支撑不产生滑动，此时摩擦消能支撑相当于普通支撑，仅为结构提供足够的抗侧刚度，满足其正常使用要求；在中震或大震作用下，摩擦消能支撑在主体结构构件屈服之前开始滑移，可降低结构刚度，减小地震作用，同时通过支承滑动摩擦消耗地震能量。

从消能机制上看，摩擦消能器属于位移相关型消能装置，消能器必须产生一定的滑动位移才能有效消能。因此，对于摩擦消能结构，在地震作用下合理的位移控制是十分关键的。目前，摩擦消能器主要应用于柔性工程结构物，一般来说，结构越高、刚度越柔、跨度越大，消能减震效果越显著。

(2) 金属弹塑性消能器

金属弹塑性消能器利用金属的弹塑性变形来消耗地震输入的能量。金属弹塑性消能器的材料主要包括钢材、铅和形状记忆合金等。目前，软钢消能器和铅挤压消能器应用较为广泛。

软钢具有较好的屈服后性能，利用其进入弹塑性范围后的良好滞回特性，软钢消能器具有滞回性能稳定、消能能力大、长期可靠并不受环境与温度影响的特点。常用的软钢消能器包括环状钢棒阻尼器、U 形钢阻尼器，分别如图 6-11、图 6-12 所示。

图 6-11 环状钢棒阻尼器

图 6-12 U 形钢阻尼器

图 6-13　铅阻尼器

铅挤压消能器的主体由两端连接在金属板上的大直径补强部分，以及水平加载时主要发生变形的可挠曲部分构成，其实物与构造如图 6-13 所示。

一般而言，金属弹塑性消能器可用于各种类别及外形的建筑结构。当用于现有建筑抗震加固时，其可获得比传统抗震加固方法更好的经济性和有效性。当用于新建筑时，若保持相同的可靠度，采用金属弹塑性消能器可大大减小主体结构构件的截面尺寸，获得更好的经济效益。

应该特别指出的是，相对于其他类型的消能器，金属弹塑性消能器有较大的消能能力，因此它更适用于巨型结构的消能减震。

(3) 黏弹性消能器

黏弹性消能器主要依靠黏弹性材料的滞回耗能特性，为结构提供附加刚度和阻尼，从而减小结构的动力反应。典型黏弹性消能器如图 6-14 所示，它由两个 T 形约束钢板夹一块矩形钢板组成，T 形约束钢板与中间的矩形钢板之间夹有一层黏弹性材料，在反复轴向力作用下，T 形约束钢板与中间的矩形钢板之间发生相对运动，使黏弹性材料产生往复剪切滞回变形，以吸收和耗散能量。

黏弹性消能器通常安装在主体结构两点间相对位移较大处，由于在地震或强风作用下两点间产生往复的相对位移，因此，黏弹性消能器也作往复运动，从而带动黏弹性消能材料产生变形而耗散结构中的能量。

与位移相关型消能器相比，黏弹性消能器在所有振动条件下都能进行消能。因此，黏弹性消能器既能同时用于结构减震和风振控制，又可避免其他消能器存在的消能器初始刚度如何与结构侧移刚度相匹配的问题。

(4) 黏滞流体消能器

黏滞流体消能器一般由缸体、活塞和油料组成，如图 6-15 所示。黏滞流体消能器的性能和质量取决于制造工艺、精度和油料的质量。目前常用的油料是硅油，适当控制油料的黏度可以设计和制造出不同性能的阻尼器，国外已有各种定型产品。

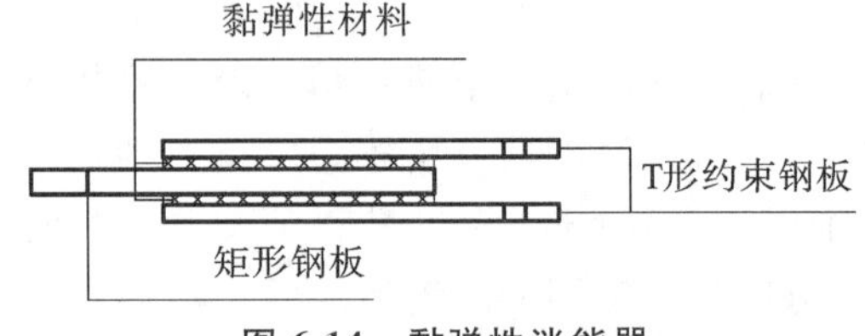

图 6-14　黏弹性消能器

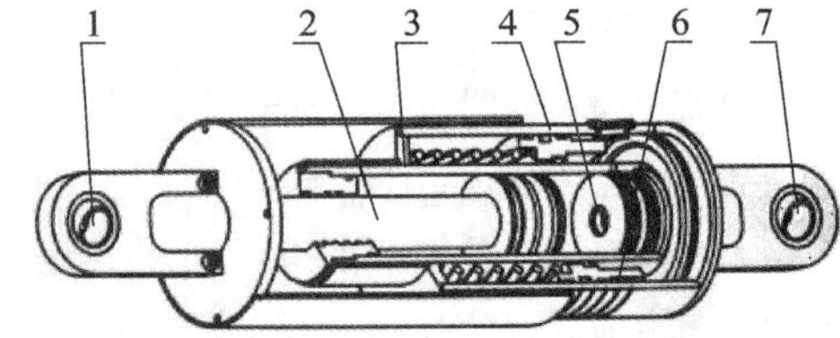

图 6-15　黏滞流体消能器

1—头部关节轴承；2—活塞杆；3—液压缸；4—贮油缸；5—阻尼控制阀；6—行程指示刻度；7—尾部关节轴承

6.3.3　消能减震结构设计要点

(1) 消能器的布置

消能减震结构应根据罕遇地震作用下的预期结构位移控制要求，设置适当的消能部件，消能部件可由消能器及斜支撑、填充墙、梁或节点等组成，图 6-16 所示为消能器常见的几种设置形式。

消能减震结构中消能器的布置应符合下列要求。

① 消能器应沿结构的两个主轴方向分别设置，宜使结构在两个水平主轴方向的动力特性相近，消能部件宜设置在层间变形较大的位置。

② 消能器竖向布置宜使结构沿高度方向的抗侧刚度均匀，避免结构形成明显的薄弱楼层和扭

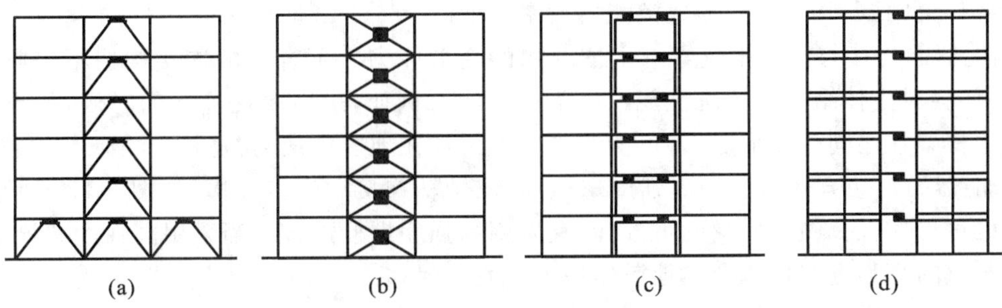

图 6-16 消能器在结构中的设置

转，在有条件的前提下应尽可能分散布置。

③ 对于主体结构沿高度方向的刚度和承载力均匀的情况，消能减震结构设计时宜使各层的以下参数接近。

a. 位移相关型消能器：消能器的等效刚度与主体结构的层间刚度比，消能器的屈服承载力与主体结构的层间屈服剪力比；

b. 黏滞流体消能器：消能器的最大阻尼力与主体结构层间屈服剪力比；

c. 黏弹性消能器：消能器的刚度与主体结构的层间刚度比，消能器零位移时的阻尼比与主体结构的层间屈服剪力比。

(2) 消能器的性能要求

① 消能器应具备良好的变形能力和消耗地震能量的能力，消能器的极限位移应大于消能减震结构在罕遇地震作用下位移的 1.2 倍。速度相关型消能器极限速度应大于消能减震结构在罕遇地震作用下速度的 1.2 倍。

② 消能部件应具有足够的初始刚度。

③ 在 10 年一遇标准风荷载作用下，摩擦消能器不应进入滑动状态，金属弹塑性消能器和屈曲约束支撑不应发生屈服。

④ 消能器应具有良好的耐久性和环境适应性。

(3) 消能减震结构抗震计算要点

① 消能部件属于非承重构件，其仅用于保证消能器在结构变形过程中发挥耗能作用，而不用于承担结构的竖向荷载。因此，无论是新建消能减震结构，还是采用消能减震进行抗震加固的既有结构，主体结构都必须满足竖向承载力的要求。

② 当消能减震结构的抗震性能明显提高时，主体结构的抗震构造措施要求可适当降低，降低程度可根据消能减震结构的地震影响系数与不设置消能减震结构的地震影响系数之比确定，最大降低程度应控制在 1 度以内。

③ 当主体结构基本处于弹性工作阶段时，可采用线性分析方法作简化估算，并根据主体结构的变形特征和高度等，分别采用底部剪力法、振型分解反应谱法和时程分析法。

④ 消能减震结构的总刚度为主体结构刚度和消能部件有效刚度的总和，消能减震结构的总阻尼比为主体结构阻尼比和消能部件附加给主体结构的有效阻尼比的总和。

⑤ 消能减震结构的层间弹塑性位移角应符合预期变形控制的要求，宜比不设置消能器的结构适当减小。

(4) 消能器的连接

① 消能器的连接部件应具有足够的刚度。若连接部件的刚度太小，主体结构中的变形将无法

通过连接部件集中到消能器上，导致消能器效率降低。

② 消能器的连接与节点不应影响主体结构的变形能力。不合理的连接构造不仅影响消能器发挥作用，还会对主体结构的抗震性能产生不良影响。例如，采用墙柱连接的时候，如果不能保证墙柱和周边框架柱之间的变形缝，将可能使周边框架柱在地震中成为“短柱”，出现剪切破坏。

③ 消能器的连接方式可分为高强度螺栓连接、销轴连接和焊接连接，如图 6-17 所示。考虑震后消能器的可更换性及施工质量的可控性，宜采用高强度螺栓连接。当采用高强度螺栓连接时，应保证相连节点的高强度螺栓在罕遇地震作用下不发生滑移。

(a)

(b)

图 6-17 消能器与支撑、连接件的连接方式

(a) 销轴连接；(b) 高强度螺栓连接

④ 为了保证消能器的变形绝大部分发生在消能器上，与消能器相连的预埋件、支撑和支墩及节点板应具有足够的刚度、强度和稳定性。

⑤ 在相应消能器极限位移或极限速度的阻尼力作用下，与消能器连接的支撑、墙应处于弹性界限以内；消能部件与主体结构连接的预埋件、节点板等也应处于弹性工作状态，且不应出现滑移、拔出和局部失稳等破坏。

本章小结

(1) 隔震技术指的是将隔震装置设置在基础顶面、地下室底部，切断或削弱地面运动向上部结构的传递，并提供适当的阻尼，从而使上部结构的地震作用大大降低，耗能能力增强。

(2) 隔震装置由隔震器、阻尼器和复位装置组成。隔震器的主要作用为支承上部结构的全部重量，延长结构自振周期。阻尼器的主要作用为消耗地震能量，抑制结构可能发生的过大位移。复位装置的主要作用为提高隔震系统早期刚度，使结构在微震或风荷载作用下能够具有与普通结构相同的安全性。

(3) 目前应用最多的隔震装置为橡胶隔震支座，可分为标准叠层橡胶支座、铅芯叠层橡胶支座、高阻尼叠层橡胶支座等。由于铅芯叠层橡胶支座不但具有较理想的竖向刚度，而且本身具有消耗地震能量的能力，故在工程中应用最为广泛。

(4) 结构消能减震技术是在结构的抗侧力构件中设置消能部件，当结构承受地震作用时，消能部件产生弹塑性滞回变形，吸收并消耗地震输入结构中的能量，以减少主体结构的地震响应，从而避免结构的破坏或倒塌。

(5) 消能器中，位移相关型消能器主要包括金属弹塑性消能器和摩擦消能器，速度相关型消能器主要包括黏弹性消能器与黏滞流体消能器。

(6) 消能器的结构布置应按照 X、Y 两个方向分别进行设计，使得结构 X 方向和 Y 方向的附加阻尼比接近。此外，消能器的连接部件应具有足够的刚度，消能器的连接与节点不应影响主体结构的变形能力。

思考题与习题

6-1 试从抵御和减轻地震灾害的角度，简述隔震与消能减震的区别与联系。

6-2 简述隔震技术的特点及应用范围。

6-3 简述消能减震技术的特点及应用范围。

6-4 简述隔震与消能减震技术的发展趋势。

附录A 中国地震烈度表

本标准采用12等级的地震烈度划分。本标准规定了地震烈度从Ⅰ度到Ⅻ度区域地面上人的感觉、房屋震害程度、其他震害现象、水平方向地震动参数的评定指标和使用说明,适用于地震烈度等级的评定。

附表 A-1 **中国地震烈度表(GB/T 17742—2008)**

<table>
<tr><th rowspan="2">地震烈度</th><th rowspan="2">人的感觉</th><th colspan="3">房屋震害</th><th rowspan="2">其他震害现象</th><th colspan="2">水平向地面运动</th></tr>
<tr><th>类型</th><th>震害程度</th><th>平均震害指数</th><th>峰值加速度/(m/s²)</th><th>峰值速度/(m/s)</th></tr>
<tr><td>Ⅰ</td><td>无感</td><td>—</td><td>—</td><td>—</td><td>—</td><td>—</td><td>—</td></tr>
<tr><td>Ⅱ</td><td>室内个别静止中的人有感觉</td><td>—</td><td>—</td><td>—</td><td>—</td><td>—</td><td>—</td></tr>
<tr><td>Ⅲ</td><td>室内少数静止中的人有感觉</td><td>—</td><td>门、窗轻微作响</td><td>—</td><td>悬挂物微动</td><td>—</td><td>—</td></tr>
<tr><td>Ⅳ</td><td>室内多数人、室外少数人有感觉,少数人梦中惊醒</td><td>—</td><td>门、窗作响</td><td>—</td><td>悬挂物明显摆动,器皿作响</td><td>—</td><td>—</td></tr>
<tr><td>Ⅴ</td><td>室内绝大多数人、室外多数人有感觉,多数人梦中惊醒</td><td>—</td><td>门窗、屋顶、屋架颤动作响,灰土掉落,个别房屋抹灰出现细微裂缝,个别有檐瓦掉落,个别屋顶烟囱掉砖</td><td>—</td><td>悬挂物大幅度晃动,不稳定器物摇动或翻倒</td><td>0.31
(0.22~0.44)</td><td>0.03
(0.02~0.04)</td></tr>
<tr><td rowspan="3">Ⅵ</td><td rowspan="3">多数人站立不稳,少数人惊逃户外</td><td>A</td><td>少数中等破坏,多数轻微破坏和/或基本完好</td><td rowspan="2">0.00~0.11</td><td rowspan="3">家具和物品移动;河岸和松软土出现裂缝,饱和砂层出现喷砂冒水;个别独立砖烟囱出现轻度裂缝</td><td rowspan="3">0.63
(0.45~0.89)</td><td rowspan="3">0.06
(0.05~0.09)</td></tr>
<tr><td>B</td><td>个别中等破坏,少数轻微破坏,多数基本完好</td></tr>
<tr><td>C</td><td>个别轻微破坏,大多数基本完好</td><td>0.00~0.08</td></tr>
<tr><td rowspan="3">Ⅶ</td><td rowspan="3">大多数人惊逃户外,骑自行车的人有感觉,行驶中的汽车驾乘人员有感觉</td><td>A</td><td>少数毁坏和/或严重破坏,多数中等和/或轻微破坏</td><td rowspan="2">0.09~0.31</td><td rowspan="3">物体从架子上掉落;河岸出现塌方,饱和砂层常见喷水冒砂,松软土地上的裂缝较多;大多数独立砖烟囱中等破坏</td><td rowspan="3">1.25
(0.90~1.77)</td><td rowspan="3">0.13
(0.10~0.18)</td></tr>
<tr><td>B</td><td>少数毁坏,多数严重和/或中等破坏</td></tr>
<tr><td>C</td><td>个别毁坏,少数严重破坏,多数中等和/或轻微破坏</td><td>0.07~0.22</td></tr>
</table>

续表

<table>
<tr><th rowspan="2">地震烈度</th><th rowspan="2">人的感觉</th><th colspan="3">房屋震害</th><th rowspan="2">其他震害现象</th><th colspan="2">水平向地面运动</th></tr>
<tr><th>类型</th><th>震害程度</th><th>平均震害指数</th><th>峰值加速度/(m/s²)</th><th>峰值速度/(m/s)</th></tr>
<tr><td rowspan="3">Ⅷ</td><td rowspan="3">多数人摇晃颠簸,行走困难</td><td>A</td><td>少数毁坏,多数严重和/或中等破坏</td><td rowspan="2">0.29～0.51</td><td rowspan="3">干硬土上出现裂缝,饱和砂层绝大多数喷砂冒水;大多数独立砖烟囱严重破坏</td><td rowspan="3">2.50
(1.78～3.53)</td><td rowspan="3">0.25
(0.19～0.35)</td></tr>
<tr><td>B</td><td>个别毁坏,少数严重破坏,多数中等和/或轻微破坏</td></tr>
<tr><td>C</td><td>少数严重和/或中等破坏,多数轻微破坏</td><td>0.20～0.40</td></tr>
<tr><td rowspan="3">Ⅸ</td><td rowspan="3">行动的人摔倒</td><td>A</td><td>多数严重破坏或/和毁坏</td><td rowspan="2">0.49～0.71</td><td rowspan="3">干硬土上多处出现裂缝,可见基岩裂缝、错动,滑坡、塌方常见;独立砖烟囱多数倒塌</td><td rowspan="3">5.00
(3.54～7.07)</td><td rowspan="3">0.50
(0.36～0.71)</td></tr>
<tr><td>B</td><td>少数毁坏,多数严重和/或中等破坏</td></tr>
<tr><td>C</td><td>少数毁坏和/或严重破坏,多数中等和/或轻微破坏</td><td>0.38～0.60</td></tr>
<tr><td rowspan="3">Ⅹ</td><td rowspan="3">骑自行车的人会摔倒,处于不稳状态的人会摔离原地,有抛起感</td><td>A</td><td>绝大多数毁坏</td><td rowspan="2">0.69～0.91</td><td rowspan="3">山崩和地震断裂出现;基岩上拱桥破坏;大多数独立砖烟囱从根部破坏或倒毁</td><td rowspan="3">10.00
(7.08～14.14)</td><td rowspan="3">1.00
(0.72～1.41)</td></tr>
<tr><td>B</td><td>大多数毁坏</td></tr>
<tr><td>C</td><td>多数毁坏和/或严重破坏</td><td>0.58～0.80</td></tr>
<tr><td rowspan="3">Ⅺ</td><td rowspan="3"></td><td>A</td><td rowspan="3">绝大多数毁坏</td><td rowspan="2">0.89～1.00</td><td rowspan="3">地震断裂延续很大,大量山崩滑坡</td><td rowspan="3">—</td><td rowspan="3">—</td></tr>
<tr><td>B</td></tr>
<tr><td>C</td><td>0.78～1.00</td></tr>
<tr><td rowspan="3">Ⅻ</td><td rowspan="3">—</td><td>A</td><td rowspan="3">—</td><td rowspan="3">1.00</td><td rowspan="3">地面剧烈变化,山河改观</td><td rowspan="3">—</td><td rowspan="3">—</td></tr>
<tr><td>B</td></tr>
<tr><td>C</td></tr>
</table>

注:1. Ⅰ～Ⅴ度以人的感觉为主;Ⅵ～Ⅹ度以房屋震害为主,人的感觉仅供参考;Ⅺ、Ⅻ度以房屋破坏、地表现象为主。Ⅺ、Ⅻ度的评定,需要专门研究。

2. 一般房屋包括用木构架和土、石、砖墙构造的旧式房屋和单层或多层的、未经抗震设计的新式砖房。对于质量特别差的或特别好的房屋,可根据具体情况,对表列各烈度的震害程度和震害指数予以提高或降低。

3. 震害指数以房屋“完好”为0,“毁灭”为1,中间按表列震害程度分级。平均震害指数是对所有房屋震害指数的总平均值而言的,可以用普查或抽查方法确定。

4. 使用本表时可根据地区具体情况,作出临时的补充规定。

5. 在农村可以自然村为单位,在城镇可以分区进行烈度的评定,但面积以1 km^2 左右为宜。

6. 烟囱指工业或取暖用的锅炉房烟囱。

7. 表中数量词说明如下。个别:10%以下;少数:10%～50%;多数:50%～70%;大多数70%～90%;普遍:90%以上。

附录B　我国各县级及县级以上城镇的中心地区抗震设防烈度及设计地震动参数

本附录仅提供我国抗震设防区各县级及县级以上城镇的中心地区建筑工程抗震设计时所采用的抗震设防烈度、设计基本地震加速度值和所属的设计地震分组。

注:本附录一般把“设计地震第一、二、三组”简称为“第一组、第二组、第三组”。

B.1　首都和直辖市

1. 抗震设防烈度为8度,设计基本地震加速度值为0.20g。

第一组:北京(东城、西城、崇文、宣武、朝阳、丰台、石景山、海淀、房山、通州、顺义、大兴、平谷),延庆,天津(汉沽),宁河。

2. 抗震设防烈度为7度,设计基本地震加速度值为0.15g。

第二组:北京(昌平、门头沟、怀柔),密云;天津(和平、河东、河西、南开、河北、红桥、塘沽、东丽、西青、津南、北辰、武清、宝坻),蓟县,静海。

3. 抗震设防烈度为7度,设计基本地震加速度值为0.10g。

第一组:上海(黄浦、卢湾、徐汇、长宁、静安、普陀、闸北、虹口、杨浦、闵行、宝山、嘉定、浦东、松江、青浦、南汇、奉贤)。

第二组:天津(大港)。

4. 抗震设防烈度为6度,设计基本地震加速度值为0.05g。

第一组:上海(金山),崇明;重庆(渝中、大渡口、江北、沙坪坝、九龙坡、南岸、北碚、万盛、双桥、渝北、巴南、万州、涪陵、黔江、长寿、江津、合川、永川、南川),巫山,奉节,云阳,忠县,丰都,壁山,铜梁,大足,荣昌,綦江,石柱,巫溪*。

注:上标*指该城镇的中心位于本设防区和较低设防区的分界线,下同。

B.2　河北省

1. 抗震设防烈度为8度,设计基本地震加速度值为0.20g。

第一组:唐山(路北、路南、古冶、开平、丰润、丰南),三河,大厂,香河,怀来,涿鹿。

第二组:廊坊(广阳、安次)。

2. 抗震设防烈度为7度,设计基本地震加速度值为0.15g。

第一组:邯郸(丛台、邯山、复兴、峰峰矿区),任丘,河间,大城,滦县,蔚县,磁县,宣化县,张家口(下花园、宣化区),宁晋*。

第二组:涿州,高碑店,涞水,固安,永清,文安,玉田,迁安,卢龙,滦南,唐海,乐亭,阳原,邯郸县,大名,临漳,成安。

3. 抗震设防烈度为7度,设计基本地震加速度值为0.10g。

第一组:张家口(桥西、桥东),万全,怀安,安平,饶阳,晋州,深州,辛集,赵县,隆尧,任县,南和,新河，肃宁，柏乡。

第二组：石家庄（长安、桥东、桥西、新华、裕华、井陉矿区），保定（新市、北市、南市），沧州（运河、新华），邢台（桥东、桥西），衡水，霸州，雄县，易县，沧县，张北，兴隆，迁西，抚宁，昌黎，青县，献县，广宗，平乡，鸡泽，曲周，肥乡，馆陶，广平，高邑，内丘，邢台县，武安，涉县，赤城，定兴，容城，徐水，安新，高阳，博野，蠡县，深泽，魏县，藁城，栾城，武强，冀州，巨鹿，沙河，临城，泊头，永年，崇礼，南宫*。

第三组：秦皇岛（海港、北戴河），清苑，遵化，安国，涞源，承德（鹰手营子*）。

4. 抗震设防烈度为6度，设计基本地震加速度值为0.05g。

第一组：围场，沽源。

第二组：正定，尚义，无极，平山，鹿泉，井陉县，元氏，南皮，吴桥，景县，东光。

第三组：承德（双桥、双滦），秦皇岛（山海关），承德县，隆化，宽城，青龙，阜平，满城，顺平，唐县，望都，曲阳，定州，行唐，赞皇，黄骅，海兴，孟村，盐山，阜城，故城，清河，新乐，武邑，枣强，威县，丰宁，滦平，平泉，临西，灵寿，邱县。

B.3 山西省

1. 抗震设防烈度为8度，设计基本地震加速度值为0.20g。

第一组：太原（杏花岭、小店、迎泽、尖草坪、万柏林、晋源），晋中，清徐，阳曲，忻州，定襄，原平，介休，灵石，汾西，代县，霍州，古县，洪洞，临汾，襄汾，浮山，永济。

第二组：祁县，平遥，太谷。

2. 抗震设防烈度为7度，设计基本地震加速度值为0.15g。

第一组：大同（城区、矿区、南郊），大同县，怀仁，应县，繁峙，五台，广灵，灵丘，芮城，翼城。

第二组：朔州（朔城区），浑源，山阴，古交，交城，文水，汾阳，孝义，曲沃，侯马，新绛，稷山，绛县，河津，万荣，闻喜，临猗，夏县，运城，平陆，沁源*，宁武*。

3. 抗震设防烈度为7度，设计基本地震加速度值为0.10g。

第一组：阳高，天镇。

第二组：大同（新荣），长治（城区、郊区），阳泉（城区、矿区、郊区），长治县，左云，右玉，神池，寿阳，昔阳，安泽，平定，和顺，乡宁，垣曲，黎城，潞城，壶关。

第三组：平顺，榆社，武乡，娄烦，交口，隰县，蒲县，吉县，静乐，陵川，盂县，沁水，沁县，朔州（平鲁）。

4. 抗震设防烈度为6度，设计基本地震加速度值为0.05g。

第三组：偏关，河曲，保德，兴县，临县，方山，柳林，五寨，岢岚，岚县，中阳，石楼，永和，大宁，晋城，吕梁，左权，襄垣，屯留，长子，高平，阳城，泽州。

B.4 内蒙古自治区

1. 抗震设防烈度为8度，设计基本地震加速度值为0.30g。

第一组：土默特右旗，达拉特旗*。

2. 抗震设防烈度为8度，设计基本地震加速度值为0.20g。

第一组：呼和浩特（新城、回民、玉泉、赛罕），包头（昆都仑、东河、青山、九原），乌海（海勃湾、海南、乌达），土默特左旗，杭锦后旗，磴口，宁城。

第二组：包头（石拐），托克托*。

3. 抗震设防烈度为7度，设计基本地震加速度值为0.15g。

第一组：赤峰（红山*，元宝山区），喀喇沁旗，巴彦淖尔，五原，乌拉特前旗，凉城。

第二组：固阳，武川，和林格尔。

第三组：阿拉善左旗。

4. 抗震设防烈度为7度，设计基本地震加速度值为0.10g。

第一组：赤峰（松山区），察右前旗，开鲁，敖汉旗，扎兰屯，通辽*。

第二组：清水河，乌兰察布，卓资，丰镇，乌拉特后旗，乌拉特中旗。

第三组：鄂尔多斯，准格尔旗。

5. 抗震设防烈度为6度，设计基本地震加速度值为0.05g。

第一组：满洲里，新巴尔虎右旗，莫力达瓦旗，阿荣旗，扎赉特旗，翁牛特旗，商都，乌审旗，科左中旗，科左后旗，奈曼旗，库伦旗，苏尼特右旗。

第二组：兴和，察右后旗。

第三组：达尔罕茂明安联合旗，阿拉善右旗，鄂托克旗，鄂托克前旗，包头（白云矿区），伊金霍洛旗，杭锦旗，四子王旗，察右中旗。

B.5　辽宁省

1. 抗震设防烈度为8度，设计基本地震加速度值为0.20g。

第一组：普兰店，东港。

2. 抗震设防烈度为7度，设计基本地震加速度值为0.15g。

第一组：营口（站前、西市、鲅鱼圈、老边），丹东（振兴、元宝、振安），海城，大石桥，瓦房店，盖州，大连（金州）。

3. 抗震设防烈度为7度，设计基本地震加速度值为0.10g。

第一组：沈阳（沈河、和平、大东、皇姑、铁西、苏家屯、东陵、沈北、于洪），鞍山（铁东、铁西、立山、千山），朝阳（双塔、龙城），辽阳（白塔、文圣、宏伟、弓长岭、太子河），抚顺（新抚、东洲、望花），铁岭（银州、清河），盘锦（兴隆台、双台子），盘山，朝阳县，辽阳县，铁岭县，北票，建平，开原，抚顺县*，灯塔，台安，辽中，大洼。

第二组：大连（西岗、中山、沙河口、甘井子、旅顺），岫岩，凌源。

4. 抗震设防烈度为6度，设计基本地震加速度值为0.05g。

第一组：本溪（平山、溪湖、明山、南芬），阜新（细河、海州、新邱、太平、清河门），葫芦岛（龙港、连山），昌图，西丰，法库，彰武，调兵山，阜新县，康平，新民，黑山，北宁，义县，宽甸，庄河，长海，抚顺（顺城）。

第二组：锦州（太和、古塔、凌河），凌海，凤城，喀喇沁左翼。

第三组：兴城，绥中，建昌，葫芦岛（南票）。

B.6　吉林省

1. 抗震设防烈度为8度，设计基本地震加速度值为0.20g。

前郭尔罗斯，松原。

2. 抗震设防烈度为7度，设计基本地震加速度值为0.15g。

大安*。

3. 抗震设防烈度为7度，设计基本地震加速度值为0.10g。

长春(难关、朝阳、宽城、二道、绿园、双阳)，吉林(船营、龙潭、昌邑、丰满)，白城，乾安，舒兰，九台，永吉*。

4. 抗震设防烈度为6度，设计基本地震加速度值为0.05g。

四平(铁西、铁东)，辽源(龙山、西安)，镇赉，洮南，延吉，汪清，图们，珲春，龙井，和龙，安图，蛟河，桦甸，梨树，磐石，东丰，辉南，梅河口，东辽，榆树，靖宇，抚松，长岭，德惠，农安，伊通，公主岭，扶余，通榆*。

注：全省县级及县级以上设防城镇，设计地震分组均为第一组。

B.7 黑龙江省

1. 抗震设防烈度为7度，设计基本地震加速度值为0.10g。

绥化，萝北，泰来。

2. 抗震设防烈度为6度，设计基本地震加速度值为0.05g。

哈尔滨(松北、道里、南岗、道外、香坊、平房、呼兰、阿城)，齐齐哈尔(建华、龙沙、铁锋、昂昂溪、富拉尔基、碾子山、梅里斯)，大庆(萨尔图、龙凤、让胡路、大同、红岗)，鹤岗(向阳、兴山、工农、南山、兴安、东山)，牡丹江(东安、爱民、阳明、西安)，鸡西(鸡冠、恒山、滴道、梨树、城子河、麻山)，佳木斯(前进、向阳、东风、郊区)，七台河(桃山、新兴、茄子河)，伊春(伊春区，乌马、友好)，鸡东，望奎，穆棱，绥芬河，东宁，宁安，五大连池，嘉荫，汤原，桦南，桦川，依兰，勃利，通河，方正，木兰，巴彦，延寿，尚志，宾县，安达，明水，绥棱，庆安，兰西，肇东，肇州，双城，五常，讷河，北安，甘南，富裕，尤江，黑河，肇源，青冈*，海林*。

注：全省县级及县级以上设防城镇，设计地震分组均为第一组。

B.8 江苏省

1. 抗震设防烈度为8度，设计基本地震加速度值为0.30g。

第一组：宿迁(宿城、宿豫*)。

2. 抗震设防烈度为8度，设计基本地震加速度值为0.20g。

第一组：新沂，邳州，睢宁。

3. 抗震设防烈度为7度，设计基本地震加速度值为0.15g。

第一组：扬州(维扬、广陵、邗江)，镇江(京口、润州)，泗洪，江都。

第二组：东海，沭阳，大丰。

4. 抗震设防烈度为7度，设计基本地震加速度值为0.10g。

第一组：南京(玄武、白下、秦淮、建邺、鼓楼、下关、浦口、六合、栖霞、雨花台、江宁)，常州(新北、钟楼、天宁、戚墅堰、武进)，泰州(海陵、高港)，江浦，东台，海安，姜堰，如皋，扬中，仪征，兴化，高邮，六合，句容，丹阳，金坛，镇江(丹徒)，溧阳，溧水，昆山，太仓。

第二组：徐州(云龙、鼓楼、九里、贾汪、泉山)，铜山，沛县，淮安(清河、青浦、淮阴)，盐城(亭湖、盐都),泗阳,盱眙,射阳,赣榆,如东。

第三组:连云港(新浦、连云、海州),灌云。

5. 抗震设防烈度为6度,设计基本地震加速度值为0.05g。

第一组:无锡(崇安、南长、北塘、滨湖、惠山),苏州(金阊、沧浪、平江、虎丘、吴中、相成),宜兴,常熟,吴江,泰兴,高淳。

第二组:南通(崇川、港闸),海门,启东,通州,张家港,靖江,江阴,无锡(锡山),建湖,洪泽,丰县。

第三组:响水,滨海,阜宁,宝应,金湖,灌南,涟水,楚州。

B.9 浙江省

1. 抗震设防烈度为7度,设计基本地震加速度值为0.10g。

第一组:岱山,嵊泗,舟山(定海、普陀),宁波(北仑、镇海)。

2. 抗震设防烈度为6度,设计基本地震加速度值为0.05g。

第一组:杭州(拱墅、上城、下城、江干、西湖、滨江、余杭、萧山),宁波(海曙、江东、江北、鄞州),湖州(吴兴、南浔),嘉兴(南湖、秀洲),温州(鹿城、龙湾、瓯海),绍兴,绍兴县,长兴,安吉,临安,奉化,象山,德清,嘉善,平湖,海盐,桐乡,海宁,上虞,慈溪,余姚,富阳,平阳,苍南,乐清,永嘉,泰顺,景宁,云和,洞头。

第二组:庆元,瑞安。

B.10 安徽省

1. 抗震设防烈度为7度,设计基本地震加速度值为0.15g。

第一组:五河,泗县。

2. 抗震设防烈度为7度,设计基本地震加速度值为0.10g。

第一组:合肥(蜀山、庐阳、瑶海、包河),蚌埠(蚌山、龙子湖、禹会、淮山),阜阳(颍州、颍东、颍泉),淮南(田家庵、大通),枞阳,怀远,长丰,六安(金安、裕安),固镇,凤阳,明光,定远,肥东,肥西,舒城,庐江,桐城,霍山,涡阳,安庆(大观、迎江、宜秀),铜陵县*。

第二组:灵璧。

3. 抗震设防烈度为6度,设计基本地震加速度值为0.05g。

第一组:铜陵(铜官山、狮子山、郊区),淮南(谢家集、八公山、潘集),芜湖(镜湖、弋江、三山、鸠江),马鞍山(花山、雨山、金家庄),芜湖县,界首,太和,临泉,阜南,利辛,凤台,寿县,颍上,霍邱,金寨,含山,和县,当涂,无为,繁昌,池州,岳西,潜山,太湖,怀宁,望江,东至,宿松,南陵,宣城,郎溪,广德,泾县,青阳,石台。

第二组:滁州(琅琊、南谯),来安,全椒,砀山,萧县,蒙城,亳州,巢湖,天长。

第三组:濉溪,淮北,宿州。

B.11 福建省

1. 抗震设防烈度为8度,设计基本地震加速度值为0.20g。

第二组：金门*。

2. 抗震设防烈度为7度，设计基本地震加速度值为0.15g。

第一组：漳州（芗城、龙文），东山，诏安，龙海。

第二组：厦门（思明、海沧、湖里、集美、同安、翔安），晋江，石狮，长泰，漳浦。

第三组：泉州（丰泽、鲤城、洛江、泉港）。

3. 抗震设防烈度为7度，设计基本地震加速度值为0.10g。

第二组：福州（鼓楼、台江、仓山、晋安），华安，南靖，平和，云霄。

第三组：莆田（城厢、涵江、荔城、秀屿），长乐，福清，平潭，惠安，南安，安溪，福州（马尾）。

4. 抗震设防烈度为6度，设计基本地震加速度值为0.05g。

第一组：三明（梅列、三元），屏南，霞浦，福鼎，福安，柘荣，寿宁，周宁，松溪，宁德，古田，罗源，沙县，尤溪，闽清，闽侯，南平，大田，漳平，龙岩，泰宁，宁化，长汀，武平，建宁，将乐，明溪，清流，连城，上杭，永安，建瓯。

第二组：政和，永定。

第三组：连江，永泰，德化，永春，仙游，马祖。

B.12 江西省

1. 抗震设防烈度为7度，设计基本地震加速度值为0.10g。

寻乌，会昌。

2 抗震设防烈度为6度，设计基本地震加速度值为0.05g。

南昌（东湖、西湖、青云谱、湾里、青山湖），南昌县，九江（浔阳、庐山），九江县，进贤，余干，彭泽，湖口，星子，瑞昌，德安，都昌，武宁，修水，靖安，铜鼓，宜丰，宁都，石城，瑞金，安远，定南，龙南，全南，大余。

注：全省县级及县级以上设防城镇，设计地震分组均为第一组。

B.13 山东省

1. 抗震设防烈度为8度，设计基本地震加速度值为0.20g。

第一组：郯城，临沭，莒南，莒县，沂水，安丘，阳谷，临沂（河东）。

2. 抗震设防烈度为7度，设计基本地震加速度值为0.15g。

第一组：临沂（兰山、罗庄），青州，临朐，菏泽，东明，聊城，莘县，鄄城。

第二组：潍坊（奎文、潍城、寒亭、坊子），苍山，沂南，昌邑，昌乐，诸城，五莲，长岛，蓬莱，龙口，枣庄（台儿庄），淄博（临淄*），寿光*。

3. 抗震设防烈度为7度，设计基本地震加速度值为0.10g。

第一组：烟台（莱山、芝罘、牟平），威海，文登，高唐，茌平，定陶，成武。

第二组：烟台（福山），枣庄（薛城、市中、峄城、山亭*），淄博（张店、淄川、周村），平原，东阿，平阴，梁山，郓城，巨野，曹县，广饶，博兴，高青，桓台，蒙阴，费县，微山，禹城，冠县，单县*，夏津*，莱芜（莱城*、钢城）。

第三组：东营（东营、河口），日照（东港、岚山），沂源，招远，新泰，栖霞，莱州，平度，高密，垦利，淄博（博山），滨州*，平邑*。

4. 抗震设防烈度为6度，设计基本地震加速度值为0.05g。

第一组：荣成。

第二组：德州，宁阳，曲阜，邹城，鱼台，乳山，兖州。

第三组：济南（市中、历下、槐荫、天桥、历城、长清），青岛（市南、市北、四方、黄岛、崂山、城阳、李沧），泰安（泰山、岱岳），济宁（市中、任城），乐陵，庆云，无棣，阳信，宁津，沾化，利津，武城，惠民，商河，临邑，济阳，齐河，章丘，泗水，莱阳，海阳，金乡，滕州，莱西，即墨，胶南，胶州，东平，汶上，嘉祥，临清，肥城，陵县，邹平。

B.14 河南省

1. 抗震设防烈度为8度，设计基本地震加速度值为0.20g。

第一组：新乡（卫滨、红旗、凤泉、牧野），新乡县，安阳（北关、文峰、殷都、龙安），安阳县，淇县，卫辉，辉县，原阳，延津，获嘉，范县。

第二组：鹤壁（淇滨、山城*、鹤山*），汤阴。

2. 抗震设防烈度为7度，设计基本地震加速度值为0.15g。

第一组：台前，南乐，陕县，武陟。

第二组：郑州（中原、二七、管城、金水、惠济），濮阳，濮阳县，长垣，封丘，修武，内黄，浚县，滑县，清丰，灵宝，三门峡，焦作（马村*），林州*。

3. 抗震设防烈度为7度，设计基本地震加速度值为0.10g。

第一组：南阳（卧龙、宛城），新密，长葛，许昌*，许昌县*。

第二组：郑州（上街），新郑，洛阳（西工、老城、瀍河、涧西、吉利、洛龙*），焦作（解放、山阳、中站），开封（鼓楼、龙亭、顺河、禹王台、金明），开封县，民权，兰考，孟州，孟津，巩义，偃师，沁阳，博爱，济源，荥阳，温县，中牟，杞县*。

4. 抗震设防烈度为6度，设计基本地震加速度值为0.05g。

第一组：信阳（浉河、平桥），漯河（郾城、源汇、召陵），平顶山（新华、卫东、湛河、石龙），汝阳，禹州，宝丰，鄢陵，扶沟，太康，鹿邑，郸城，沈丘，项城，淮阳，周口，商水，上蔡，临颍，西华，西平，栾川，内乡，镇平，唐河，邓州，新野，社旗，平舆，新县，驻马店，泌阳，汝南，桐柏，淮滨，息县，正阳，遂平，光山，罗山，潢川，商城，固始，南召，叶县*，舞阳*。

第二组：商丘（梁园、睢阳），义马，新安，襄城，郏县，嵩县，宜阳，伊川，登封，柘城，尉氏，通许，虞城，夏邑，宁陵。

第三组：汝州，睢县，永城，卢氏，洛宁，渑池。

B.15 湖北省

1. 抗震设防烈度为7度，设计基本地震加速度值为0.10g。

竹溪，竹山，房县。

2. 抗震设防烈度为6度，设计基本地震加速度值为0.05g。

武汉（江岸、江汉、硚口、汉阳、武昌、青山、洪山、东西湖、汉南、蔡甸、江夏、黄陂、新洲），荆州（沙市、荆州），荆门（东宝、掇刀），襄樊（襄城、樊城、襄阳），十堰（茅箭、张湾），宜昌（西陵、伍家岗、点军、猇亭、夷陵），黄石（下陆、黄石港、西塞山、铁山），恩施，咸宁，麻城，团风，罗田，英山，黄冈，鄂州，浠水，蕲春，黄梅，武穴，郧西，郧县，丹江口，谷城，老河口，宜城，南漳，保康，神农架，钟祥，沙洋，远安，兴山，巴东，秭归，当阳，建始，利川，公安，宣恩，咸丰，长阳，嘉鱼，大冶，宜都，枝江，松滋，江陵，石首，监利，洪湖，孝感，应城，云梦，天门，仙桃，红安，安陆，潜江，通山，赤壁，崇阳，通城，五峰*，京山*。

注：全省县级及县级以上设防城镇，设计地震分组均为第一组。

B.16　湖南省

1. 抗震设防烈度为7度，设计基本地震加速度值为0.15g。

常德(武陵、鼎城)。

2. 抗震设防烈度为7度，设计基本地震加速度值为0.10g。

岳阳(岳阳楼、君山*)，岳阳县，汨罗，湘阴，临澧，澧县，津市，桃源，安乡，汉寿。

3. 抗震设防烈度为6度，设计基本地震加速度值为0.05g。

长沙(岳麓、芙蓉、天心、开福、雨花)，长沙县，岳阳(云溪)，益阳(赫山、资阳)，张家界(永定、武陵源)，郴州(北湖、苏仙)，邵阳(大祥、双清、北塔)，邵阳县，泸溪，沅陵，娄底，宜章，资兴，平江，宁乡，新化，冷水江，涟源，双峰，新邵，邵东，隆回，石门，慈利，华容，南县，临湘，沅江，桃江，望城，溆浦，会同，靖州，韶山，江华，宁远，道县，临武，湘乡*，安化*，中方*，洪江*。

注：全省县级及县级以上设防城镇，设计地震分组均为第一组。

B.17　广东省

1. 抗震设防烈度为8度，设计基本地震加速度值为0.20g。

汕头(金平、濠江、龙湖、澄海)，潮安，南澳，徐闻，潮州*。

2. 抗震设防烈度为7度，设计基本地震加速度值为0.15g。

揭阳，揭东，汕头(潮阳、潮南)，饶平。

3. 抗震设防烈度为7度，设计基本地震加速度值为0.10g。

广州(越秀、荔湾、海珠、天河、白云、黄埔、番禺、南沙、萝岗)，深圳(福田、罗湖、南山、宝安、盐田)，湛江(赤坎、霞山、坡头、麻章)，汕尾，海丰，普宁，惠来，阳江，阳东，阳西，茂名(茂南、茂港)，化州，廉江，遂溪，吴川，丰顺，中山，珠海(香洲、斗门、金湾)，电白，雷州，佛山(顺德、南海、禅城*)，江门(蓬江、江海、新会)*，陆丰*。

4. 抗震设防烈度为6度，设计基本地震加速度值为0.05g。

韶关(浈江、武江、曲江)，肇庆(端州、鼎湖)，广州(花都)，深圳(龙岗)，河源，揭西，东源，梅州，东莞，清远，清新，南雄，仁化，始兴，乳源，英德，佛冈，龙门，龙川，平远，从化，梅县，兴宁，五华，紫金，陆河，增城，博罗，惠州(惠城、惠阳)，惠东，四会，云浮，云安，高要，佛山(三水、高明)，鹤山，封开，郁南，罗定，信宜，新兴，开平，恩平，台山，阳春，高州，翁源，连平，和平，蕉岭，大埔，新丰*。

注：全省县级及县级以上设防城镇，除大埔为设计地震第二组外，均为第一组。

B.18　广西壮族自治区

1. 抗震设防烈度为7度，设计基本地震加速度值为0.15g。

灵山，田东。

2. 抗震设防烈度为7度，设计基本地震加速度值为0.10g。

玉林，兴业，横县，北流，百色，田阳，平果，隆安，浦北，博白，乐业*。

3. 抗震设防烈度为6度，设计基本地震加速度值为0.05g。

南宁(青秀、兴宁、江南、西乡塘、良庆、邕宁)，桂林(象山、叠彩、秀峰、七星、雁山)，柳州(柳北、城中、鱼峰、柳南)，梧州(长洲、万秀、蝶山)，钦州(钦南、钦北)，贵港(港北、港南)，防城港(港口、防城)，北海(海城、银海)，兴安，灵川，临桂，永福，鹿寨，天峨，东兰，巴马，都安，大化，马山，融安，象州，武宣，桂平，平南，上林，宾阳，武鸣，大新，扶绥，东兴，合浦，钟山，贺州，藤县，苍梧，容县，岑溪，陆川，凤山，凌云，田林，隆林，西林，德保，靖西，那坡，天等，崇左，上思，龙州，宁明，融水，凭祥，全州。

注：全自治区县级及县级以上设防城镇，设计地震分组均为第一组。

B.19 海南省

1. 抗震设防烈度为8度，设计基本地震加速度值为0.30g。

海口(龙华、秀英、琼山、美兰)。

2. 抗震设防烈度为8度，设计基本地震加速度值为0.20g。

文昌，定安。

3. 抗震设防烈度为7度，设计基本地震加速度值为0.15g。

澄迈。

4. 抗震设防烈度为7度，设计基本地震加速度值为0.10g。

临高，琼海，儋州，屯昌。

5. 抗震设防烈度为6度，设计基本地震加速度值为0.05g。

三亚，万宁，昌江，白沙，保亭，陵水，东方，乐东，五指山，琼中。

注：全省县级及县级以上设防城镇，除屯昌、琼中为设计地震第二组外，均为第一组。

B.20 四川省

1. 抗震设防烈度不低于9度，设计基本地震加速度值不小于0.40g。

第二组：康定，西昌。

2. 抗震设防烈度为8度，设计基本地震加速度值为0.30g。

第二组：冕宁*。

3. 抗震设防烈度为8度，设计基本地震加速度值为0.20g。

第一组：茂县，汶川，宝兴。

第二组：松潘，平武，北川(震前)，都江堰，道孚，泸定，甘孜，炉霍，喜德，普格，宁南，理塘。

第三组：九寨沟，石棉，德昌。

4. 抗震设防烈度为7度，设计基本地震加速度值为0.15g。

第二组：巴塘，德格，马边，雷波，天全，芦山，丹巴，安县，青川，江油，绵竹，什邡，彭州，理县，剑阁*。

第三组：荥经，汉源，昭觉，布拖，甘洛，越西，雅江，九龙，木里，盐源，会东，新龙。

5. 抗震设防烈度为7度，设计基本地震加速度值为0.10g。

第一组：自贡（自流井、大安、贡井、沿滩）。

第二组：绵阳（涪城、游仙），广元（利州、元坝、朝天），乐山（市中、沙湾），宜宾，宜宾县，峨边，沐川，屏山，得荣，雅安，中江，德阳，罗江，峨眉山，马尔康。

第三组：成都（青羊、锦江、金牛、武侯、成华、龙泽驿、青白江、新都、温江），攀枝花（东区、西区、仁和），若尔盖，色达，壤塘，石渠，白玉，盐边，米易，乡城，稻城，双流，乐山（金口河、五通桥），名山，美姑，金阳，小金，会理，黑水，金川，洪雅，夹江，邛崃，蒲江，彭山，丹棱，眉山，青神，郫县，大邑，崇州，新津，金堂，广汉。

6. 抗震设防烈度为6度，设计基本地震加速度值为0.05g。

第一组：泸州（江阳、纳溪、龙马潭），内江（市中、东兴），宣汉，达州，达县，大竹，邻水，渠县，广安，华蓥，隆昌，富顺，南溪，兴文，叙永，古蔺，资中，通江，万源，巴中，阆中，仪陇，西充，南部，射洪，大英，乐至，资阳。

第二组：南江，苍溪，旺苍，盐亭，三台，简阳，泸县，江安，长宁，高县，珙县，仁寿，威远。

第三组：犍为，荣县，梓潼，筠连，井研，阿坝，红原。

B.21　贵州省

1. 抗震设防烈度为7度，设计基本地震加速度值为0.10g。

第一组：望谟。

第三组：威宁。

2. 抗震设防烈度为6度，设计基本地震加速度值为0.05g。

第一组：贵阳（乌当*、白云*、小河、南明、云岩、花溪），凯里，毕节，安顺，都匀，黄平，福泉，贵定，麻江，清镇，龙里，平坝，纳雍，织金，普定，六枝，镇宁，惠水，长顺，关岭，紫云，罗甸，兴仁，贞丰，安龙，金沙，印江，赤水，习水，思南*。

第二组：六盘水，水城，册亨。

第三组：赫章，普安，晴隆，兴义，盘县。

B.22　云南省

1. 抗震设防烈度不低于9度，设计基本地震加速度值不小于0.40g。

第二组：寻甸，昆明（东川）。

第三组：澜沧。

2. 抗震设防烈度为8度，设计基本地震加速度值为0.30g。

第二组：剑川，嵩明，宜良，丽江，玉龙，鹤庆，永胜，潞西，龙陵，石屏，建水。

第三组：耿马，双江，沧源，勐海，西盟，孟连。

3. 抗震设防烈度为8度，设计基本地震加速度值为0.20g。

第二组：石林，玉溪，大理，巧家，江川，华宁，峨山，通海，洱源，宾川，弥渡，祥云，会泽，南涧。

第三组：昆明（盘龙、五华、官渡、西山），普洱（原思茅市），保山，马龙，呈贡，澄江，晋宁，易门，漾濞，巍山，云县，腾冲，施甸，瑞丽，梁河，安宁，景洪，永德，镇康，临沧，凤庆*，陇川*。

4. 抗震设防烈度为7度，设计基本地震加速度值为0.15g。

第二组：香格里拉，泸水，大关，永善，新平*。

第三组：曲靖，弥勒，陆良，富民，禄劝，武定，兰坪，云龙，景谷，宁洱(原普洱)，沾益，个旧，红河，元江，禄丰，双柏，开远，盈江，永平，昌宁，宁蒗，南华，楚雄，勐腊，华坪，景东*。

5. 抗震设防烈度为7度，设计基本地震加速度值为0.10g。

第二组：盐津，绥江，德钦，贡山，水富。

第三组：昭通，彝良，鲁甸，福贡，永仁，大姚，元谋，姚安，牟定，墨江，绿春，镇沅，江城，金平，富源，师宗，泸西，蒙自，元阳，维西，宣威。

6. 抗震设防烈度为6度，设计基本地震加速度值为0.05g。

第一组：威信，镇雄，富宁，西畴，麻栗坡，马关。

第二组：广南。

第三组：丘北，砚山，屏边，河口，文山，罗平。

B.23 西藏自治区

1. 抗震设防烈度不低于9度，设计基本地震加速度值不小于0.40g。

第三组：当雄，墨脱。

2. 抗震设防烈度为8度，设计基本地震加速度值为0.30g。

第二组：申扎。

第三组：米林，波密。

3. 抗震设防烈度为8度，设计基本地震加速度值为0.20g。

第二组：普兰，聂拉木，萨嘎。

第三组：拉萨，堆龙德庆，尼木，仁布，尼玛，洛隆，隆子，错那，曲松，那曲，林芝(八一镇)，林周。

4. 抗震设防烈度为7度，设计基本地震加速度值为0.15g。

第二组：札达，吉隆，拉孜，谢通门，亚东，洛扎，昂仁。

第三组：日土，江孜，康马，白朗，扎囊，措美，桑日，加查，边坝，八宿，丁青，类乌齐，乃东，琼结，贡嘎，朗县，达孜，南木林，班戈，浪卡子，墨竹工卡，曲水，安多，聂荣，日喀则*，噶尔*。

5. 抗震设防烈度为7度，设计基本地震加速度值为0.10g。

第一组：改则。

第二组：措勤，仲巴，定结，芒康。

第三组：昌都，定日，萨迦，岗巴，巴青，工布江达，索县，比如，嘉黎，察雅，友贡，察隅，江达，贡觉。

6. 抗震设防烈度为6度，设计基本地震加速度值为0.05g。

第二组：革吉。

B.24 陕西省

1. 抗震设防烈度为8度，设计基本地震加速度值为0.20g。

第一组：西安(未央、莲湖、新城、碑林、灞桥、雁塔、阎良*、临潼)，渭南，华县，华阴，潼关，大荔。

第三组：陇县。

2. 抗震设防烈度为7度，设计基本地震加速度值为0.15g。

第一组：咸阳（秦都、渭城），西安（长安），高陵，兴平，周至，户县，蓝田。

第二组：宝鸡（金台、渭滨、陈仓），咸阳（杨凌特区），千阳，岐山，凤翔，扶风，武功，眉县，三原，富平，澄城，蒲城，泾阳，礼泉，韩城，合阳，略阳。

第三组：凤县。

3. 抗震设防烈度为7度，设计基本地震加速度值为0.10g。

第一组：安康，平利。

第二组：洛南，乾县，勉县，宁强，南郑，汉中。

第三组：白水，淳化，麟游，永寿，商洛（商州），太白，留坝，铜川（耀州、王益、印台*），柞水*。

4. 抗震设防烈度为6度，设计基本地震加速度值为0.05g。

第一组：延安，清涧，神木，佳县，米脂，绥德，安塞，延川，延长，志丹，甘泉，商南，紫阳，镇巴，子长*，子洲*。

第二组：吴旗，富县，旬阳，白河，岚皋，镇坪。

第三组：定边，府谷，吴堡，洛川，黄陵，旬邑，洋县，西乡，石泉，汉阴，宁陕，城固，宜川，黄龙，宜君，长武，彬县，佛坪，镇安，丹凤.山阳。

B.25　甘肃省

1. 抗震设防烈度不低于9度，设计基本地震加速度值不小于0.40g。

第二组：古浪。

2. 抗震设防烈度为8度，设计基本地震加速度值为0.30g。

第二组：天水（秦州、麦积），礼县，西和。

第三组：白银（平川区）。

3. 抗震设防烈度为8度，设计基本地震加速度值为0.20g。

第二组：宕昌，肃北，陇南，成县，徽县，康县，文县。

第三组：兰州（城关、七里河、西固、安宁），武威，永登，天祝，景泰，靖远，陇西，武山，秦安，清水，甘谷，漳县，会宁，静宁，庄浪，张家川，通渭，华亭，两当，舟曲。

4. 抗震设防烈度为7度，设计基本地震加速度值为0.15g。

第二组：康乐，嘉峪关，玉门，酒泉，高台，临泽，肃南。

第三组：白银（白银区），兰州（红古区），永靖，岷县，东乡，和政，广河，临潭，卓尼，迭部，临洮，渭源，皋兰，崇信，榆中，定西，金昌，阿克塞，民乐，永昌，平凉。

5. 抗震设防烈度为7度，设计基本地震加速度值为0.10g。

第二组：张掖，合作，玛曲，金塔。

第三组：敦煌，瓜洲，山丹，临夏，临夏县，夏河，碌曲，泾川，灵台，民勤，镇原，环县，积石山。

6. 抗震设防烈度为6度，设计基本地震加速度值为0.05g。

第三组：华池，正宁，庆阳（西峰），合水，宁县，庆城。

B.26　青海省

1. 抗震设防烈度为8度，设计基本地震加速度值为0.20g。

第二组：玛沁。

第三组:玛多,达日。

2. 抗震设防烈度为 7 度,设计基本地震加速度值为 0.15g。

第二组:祁连。

第三组:甘德,门源,治多,玉树。

3. 抗震设防烈度为 7 度,设计基本地震加速度值为 0.10g。

第二组:乌兰,称多,杂多,囊谦。

第三组:西宁(城中、城东、城西、城北),同仁,共和,德令哈,海晏,湟源,湟中,平安,民和,化隆,贵德,尖扎,循化,格尔木,贵南,同德,河南,曲麻莱,久治,班玛,天峻,刚察,大通,互助,乐都,都兰,兴海。

4. 抗震设防烈度为 6 度,设计基本地震加速度值为 0.05g。

第三组:泽库。

B.27 宁夏回族自治区

1. 抗震设防烈度为 8 度,设计基本地震加速度值为 0.30g。

第二组:海原。

2. 抗震设防烈度为 8 度,设计基本地震加速度值为 0.20g。

第一组:石嘴山(大武口、惠农),平罗。

第二组:银川(兴庆、金凤、西夏),吴忠,贺兰,永宁,青铜峡,泾源,灵武,固原。

第三组:西吉,中宁,中卫,同心,隆德。

3. 抗震设防烈度为 7 度,设计基本地震加速度值为 0.15g。

第三组:彭阳。

4. 抗震设防烈度为 6 度,设计基本地震加速度值为 0.05g。

第三组:盐池。

B.28 新疆维吾尔自治区

1. 抗震设防烈度不低于 9 度,设计基本地震加速度值不小于 0.40g。

第三组:乌恰,塔什库尔干。

2. 抗震设防烈度为 8 度,设计基本地震加速度值为 0.30g。

第三组:阿图什,喀什,疏附。

3. 抗震设防烈度为 8 度,设计基本地震加速度值为 0.20g。

第一组:巴里坤。

第二组:乌鲁木齐(天山、沙依巴克、新市、水磨沟、头屯河、米东),乌鲁木齐县,温宿,阿克苏,柯坪,昭苏,特克斯,库车,青河,富蕴,乌什*。

第三组:尼勒克,新源,巩留,精河,乌苏,奎屯,沙湾,玛纳斯,石河子,克拉玛依(独山子),疏勒,伽师,阿克陶,英吉沙。

4. 抗震设防烈度为 7 度,设计基本地震加速度值为 0.15g。

第一组:木垒*。

第二组:库尔勒,新和,轮台,和静,焉耆,博湖,巴楚,拜城,昌吉,阜康*。

第三组：伊宁，伊宁县，霍城，呼图壁，察布查尔，岳普湖。

5. 抗震设防烈度为7度，设计基本地震加速度值为0.10g。

第一组：鄯善。

第二组：乌鲁木齐(达坂城)，吐鲁番，和田，和田县，吉木萨尔，洛浦，奇台，伊吾，托克逊，和硕，尉犁，墨玉，策勒，哈密*。

第三组：五家渠，克拉玛依(克拉玛依区)，博乐，温泉，阿合奇，阿瓦提，沙雅，图木舒克，莎车，泽普，叶城，麦盖堤，皮山。

6. 抗震设防烈度为6度，设计基本地震加速度值为0.05g。

第一组：额敏，和布克赛尔。

第二组：于田，哈巴河，塔城，福海，克拉玛依(马尔禾)。

第三组：阿勒泰，托里，民丰，若羌，布尔津，吉木乃，裕民，克拉玛依(白碱滩)，且末，阿拉尔。

B.29　港澳特区和台湾省

1. 抗震设防烈度不低于9度，设计基本地震加速度值不小于0.40g。

第二组：台中。

第三组：苗栗，云林，嘉义，花莲。

2. 抗震设防烈度为8度，设计基本地震加速度值为0.30g。

第二组：台南。

第三组：台北，桃园，基隆，宜兰，台东，屏东。

3. 抗震设防烈度为8度，设计基本地震加速度值为0.20g。

第三组：高雄，澎湖。

4. 抗震设防烈度为7度，设计基本地震加速度值为0.15g。

第一组：香港。

5. 抗震设防烈度为7度，设计基本地震加速度值为0.10g。

第一组：澳门。

参考文献

[1] 中华人民共和国住房和城乡建设部,中华人民共和国国家质量监督检验检疫总局. GB 50011—2010 建筑抗震设计规范. 北京:中国建筑工业出版社,2010.

[2] 中华人民共和国住房和城乡建设部,中华人民共和国国家质量监督检验检疫总局. GB 50223—2008 建筑工程抗震设防分类标准. 北京:中国建筑工业出版社,2008.

[3] 中华人民共和国住房和城乡建设部,中华人民共和国国家质量监督检验检疫总局. GB 50010—2010 混凝土结构设计规范. 北京:中国建筑工业出版社,2010.

[4] 中华人民共和国住房和城乡建设部,中华人民共和国国家质量监督检验检疫总局. GB 50003—2011 砌体结构设计规范. 北京:中国建筑工业出版社,2010.

[5] 李英民,杨溥. 建筑结构抗震设计. 重庆:重庆大学出版社,2011.

[6] 赵明华. 基础工程. 2版. 北京:高等教育出版社,2010.

[7] 夏力农. 基础工程. 北京:中国建材工业出版社,2012.

[8] 董军辉. 建筑抗震设计. 北京:中国计划出版社,2006.

[9] 代国忠,顾欢达. 土力学与基础工程. 重庆:重庆大学出版社,2011.

[10] 李杰,李国强. 地震工程学导论. 北京:地震出版社,1992.

[11] 李英民,刘立平. 汶川地震建筑震害与思考. 重庆:重庆大学出版社,2008.

[12] 王社良. 抗震结构设计. 2版. 武汉:武汉理工大学出版社,2007.

[13] 东南大学. 建筑结构抗震设计. 北京:北京建筑工业出版社,1999.